從生育選擇到人力資本，在技術革命與人口結構巨變中重塑全球競爭格局

# 人口轉型時代

智本社 著

**破解低生育與高齡化時代的發展悖論**

一本書解析人口與經濟的微妙關係
在理論研究的基礎上提出具體建議和解決方案

以邊際效用 × 高齡化 × 技術進步等經濟理論為基礎
剖析婚姻、生育、教育和老齡化等社會現象對經濟的作用與反作用

# 目 錄

序：追問　　005

前言　　009

婚姻經濟學：
制度演變與風險分攤的解析　　013

人口經濟學：
低生育率與高齡化的理性檢視　　031

教育經濟學：
知識資本與人力資本的邏輯　　077

社會經濟學：
就業、科技與社會資源再分配　　109

大家治學：
經濟學思想的流變與方法論創新　　171

經濟思想：
技術革命與資料主權的新時代　　191

# 序：追問

在這個時代，提出一個好問題比解惑更為珍貴。

2008年以來，我們經歷了什麼？金融危機、債務危機、政治民粹運動、貿易摩擦及逆向全球化、COVID-19疫情大流行、史詩級股災、供應鏈危機、生育率斷崖式下降及人口危機、國家衝突及戰爭、能源危機、糧食危機、國際秩序崩壞……世界，正滑入「馬爾薩斯災難」嗎？

每一個大問題都攸關人類的前途和個人的處境。但是，現代人追問能力的退化及網路傳播下資訊的泛濫，讓問題變得複雜與神祕。

金融危機為何爆發，是美國聯準會升息所致還是降息所致？是葛林斯潘（Alan Greenspan）的問題還是聯準會的問題？是聯準會的政策問題還是制度問題？是監督制度問題還是全球央行及法定貨幣制度問題？全球央行及法定貨幣制度問題的本質又是什麼？貨幣理論是否有問題？

顯然，後危機時代，我們並未深刻意識到這些問題，以致金融體系不可挽回地惡化，貨幣淪為「公地悲劇」（Tragedy of the commons）。集體行動如何避免「公地悲劇」？國家

## 序：追問

組織扮演了進步角色還是成為始作俑者？國家為何陷入「諾斯悖論」？

法國大革命後，民族主權國家成為人類進步的重要力量，國家現代化已是大勢所趨。在全球化時代，民族主權國家與經濟全球化是否會產生矛盾？當下，國家衝突是否與這一矛盾有關？全球化的認知是否有誤？未來，國家組織如何演變？

為何有些國家經濟成長快，有些國家則陷入停滯？為何有些國家的經濟成長快但家庭財富卻成長慢？這種經濟成長模式是否永續？當貨幣增速長期大於經濟增速時，經濟將走向何方？當經濟增速長期大於家庭收入增速時，經濟又將如何演變？

貧富不均是這個時代不可迴避的問題。貧富差距的原因是什麼？正當性和不正當性在何處？貨幣政策是否加劇了不平等？福利主義是否破壞了公平競爭？

人口危機又是一大社會焦慮。生育率下降的合理因素是什麼？

生育是否是必需品？額外因素是否增加了生育成本？高齡化的問題是養老問題、成長問題還是制度問題？通貨膨脹、公共養老制度是否惡化了養老問題？

困惑，亦是我寫下百萬字且繼續寫作的動力。長期以來，我追問的線索是經濟學的思維，即個人經濟行為。不過，經濟學「埋雷」無數，同樣需要不停地追問。

追問不止，筆耕不息。智本社，與思想者同行。

清和

序：追問

# 前言

人口問題已經成為全球性難題。本書聚焦人口話題，從經濟學視角討論現階段人口問題對經濟可能產生的影響及相應的對策。

本書前四個部分分別為「婚姻經濟學」、「人口經濟學」、「教育經濟學」、「社會經濟學」：從家庭、教育、社會就業、養老等角度探討人口問題、影響及其對策；後兩個部分為「大家治學」和「經濟思想」。

家庭作為一個社會最基本的組織，個體的家庭觀、婚姻觀與戀愛觀越來越影響全社會的人口數量和結構。

「婚姻經濟學」章節裡的文章〈如何理解婚姻？〉聚焦人類婚姻制度變遷中的經濟學現象：從雜婚、群婚到單一配偶制度，「現如今自由戀愛婚姻是一個市場發現的過程」。

第二章「人口經濟學」包括四篇文章。〈生育率為何走低？〉文中解釋，生育率走低與經濟成長呈現正相關，「隨著經濟成長，國家人口生育率逐漸降低、最終穩定在低生育水準」。且進一步探討：一味干預生育會產生怎樣的後果？

〈如何應對高齡化？〉則從不同角度討論了在高齡化社

## 前言

會到來之前的可能性對策：包括降低生育成本、強化養老保障和社會保障等。〈延遲退休：高齡化的必然？〉一文還從延遲退休角度切入探討了高齡化對策。

作為一種生產要素，人口即勞動力也存在邊際遞減效應。〈如何提升人力資本？〉將人口因素放置於經濟生產活動中考量。提升人口資本同樣是經濟高品質發展中一個重要的「轉型」問題。

教育是父母都繞不開的話題，教育也是提升人口素養的基本途徑。該如何看待當下圍繞教育而產生的焦慮、爭論？〈何謂大學？〉、〈如何創新？〉這兩篇文章討論了教育的底色、創新的本質，以期促進科技創新和社會發展。

「社會經濟學」這章重點討論了就業問題。對大多數普通人來說，人工智慧技術可提升效率，但也造成了就業「替代」的焦慮。如何看待生產效率提升與失業的關係？〈機器人會搶走我們的工作嗎？〉一文從 20 世紀大蕭條出發來討論這一點，並大致分為樂觀派、悲觀派和折衷派三類來回顧不同經濟學家的理論及態度。

〈發展製造業與擴大就業相悖嗎？〉一文深入到具體的產業，提出面對製造業增加值上漲但製造業就業人口下降的「悖論」，需要跳出產業／部門孤立統計的視角，在有效需求基礎上發展先進製造業。

內捲化在經濟學中的討論最早源於小農經濟，但在經濟學視角中，惡性競爭其實就是「邊際效用持續遞減的過程」。〈內捲化焦慮〉認為，如今全球經濟增速放緩，現代化國家陷入了集體惡性競爭。〈家，會消失嗎？〉討論了一個看似遙遠的問題「家庭會消失嗎？」，但這種追問卻可以在家庭組織演變的研究中進一步探索高齡化的本質。

　　本書的「大家治學」章節介紹了薩繆森。薩繆森曾經被譽為經濟學領域的最後一位通才，他所撰寫的經濟學教科書成為全球經濟學院的標準教材。但是，經濟學界也不乏對薩繆森的批判，如何理解薩繆森對凱因斯的學習和「繼承」？

　　最後一個部分「經濟思想」集中討論了網路大數據及技術發展問題。現代人每天透過網路搜尋、交換和獲取資訊，那麼，大量依託於平臺產生的資料所有權到底歸屬哪方？看上去，平臺可以掌握所有使用者的大數據並據此行銷獲利。〈資料特權、資料產權與資料主權〉一文用資料交易市場的關係來釐清這一問題，資料主權的確定未來會越來越重要。

　　〈資訊技術與經濟引擎〉則從實證的角度討論了資訊技術革命與經濟增速的關係，資訊技術為經濟帶來的成長效應是毋庸置疑的，為何在勞動生產率的實際統計中沒有突出表現？未來的技術革命與過去的技術革命有什麼區別？文中重點討論了以上問題。

前言

　　最後，期望讀者能夠在閱讀本書的過程中獲得知識與樂趣，以經濟學的思維思考工作和生活中的現象與問題。本書如有疏漏之處，還望讀者給予批評指正。

# 婚姻經濟學：
# 制度演變與風險分攤的解析

　　經濟學是研究人類經濟行為的學科，而人類的婚戀觀、婚姻行為歷經千年，從古代到現代的演變，不僅與社會體制的進化有關，亦可從經濟學的視角來解讀。

　　雖然與人性的個體差異有關，但如果從風險投資、機會成本、邊際效益遞減等理論來理解，對當下的男男女女來說，是否會有一番新感悟？

◆ 婚姻經濟學：制度演變與風險分攤的解析

## 婚姻與風險

婚姻，是一種抗風險制度。

無論是原始族群、農耕社會，還是現代社會，人到了一定年齡大都會有一種共同的想法，那就是結婚。無論是西方人，還是東方人，到了適婚年齡也會考慮走入婚姻的殿堂。

這是為什麼？

是生理驅動，還是一種經濟行為？經濟學家認為，婚姻是一種經濟行為。既然是經濟行為，就包括收益、成本與風險等因素。人生活在這個世界上會面臨一定的風險，既有繁衍的風險，也有經濟的風險，還有生存的風險，而人類對抗風險的一個共同路徑是集體行動，形成具有效率的組織，比如原始族群、宗族氏族、城邦聯盟、宗教團體、現代國家、企業組織等。這些組織能夠對抗經濟與生存的風險，但是無法解決繁衍問題。

繁衍，需要兩性共同合作、共同行動，於是就有了婚姻制度，在婚姻制度上形成家庭，這也是養育孩子的最佳組織。

人類歷史上存在不同的婚姻制度，但目的都是對抗風險。原始族群採用群婚制度，即一個族群與另一個族群集體通婚。這種婚姻制度雖然沒有形成家庭組織，但可以避免濫

交和亂倫導致族群滅絕。

　　農耕社會普遍採用一夫一妻多妾制度,而且有一整套婚姻制度來控制風險。多妾是男權社會保持多生育的不平等制度,降低適婚年齡、提早生育是為了更快繁衍後代。

　　家庭,是農耕社會農業生產最重要的經濟組織,當時成家立業的經濟學含義就是建立一個經濟組織來提升生產效率。家庭人口增加,也就是勞動力數量增加,家庭透過有計畫的管理和男女分工來提升生產效率,最後透過繁衍後代來拓展投資預期和跨代際投資。

　　進入現代社會,自由戀愛的觀念逐漸深入人心,戀愛、結婚與離婚都成為個人的自由,雖然自由婚姻比傳統婚姻的風險更大,但效率卻更高。不過,隨著科技與制度持續進步,人的壽命越來越長,人的經濟獨立性也越來越強,家庭不再是最有效的經濟組織,取而代之的是企業組織。經濟越獨立的人越不急於結婚,因為他們在企業組織中可以獲得足夠的經濟保障。結婚年齡不斷往後推移,晚婚、不婚的族體在擴大。

　　現代社會,婚姻對抗風險的作用越來越弱,似乎只剩下繁衍後代的功能。考慮到生育成本、結婚成本,很多人選擇不婚或不生、少生,婚姻制度和家庭組織逐漸失去了經濟效率與社會競爭力。正如當企業經營遇到風險時,你希望引入

投資人來共同抵抗風險。但是，引入投資人也是有風險的。你不知道哪個投資人是合適的，投入多少資金適合，你需要讓出多少股權和決策權，等等。所以，現代社會的生存風險、經濟風險，被國家組織、企業組織等化解，婚姻制度和家庭組織抗風險的作用正在下降。

結婚也有風險，概括起來有三種：一是資訊不對稱產生的風險；二是結婚的經濟成本與機會成本；三是違約風險，即離婚，會產生經濟損失、情感傷害等。

每個人在尋覓對象時，資訊都是有限的。要擴大搜尋範圍和加強力度，就需要支付更多的資訊成本，即交易成本。古代的資訊成本更高，門當戶對、媒妁之言和被安排的婚姻的存在就體現了降低交易成本和結婚風險的目的。

在現代自由的婚姻市場中，人也是在有限的資訊下、有限的交易成本下做邊際選擇的。找伴侶時找的是當時邊際成本最低、邊際效用最高的那個人。相對應地，邊際收益卻遞減。

這就是結婚的不確定性風險，這個風險來自資訊不對稱約束下的邊際決策。邊際成本與邊際效用因時間而變化，如果技術水準（夫妻相處之道）不變，邊際情感會隨著時間的推移而遞減。所以，婚姻最大的考驗是時間，我們要做「時間的朋友」。

如果離婚，即違約，婚姻的成本可能更高。夫妻雙方面臨離婚時都會計算各自的得失，盡力挽回在這樁失敗婚姻上的投資損失。夫妻分手的經濟帳要比公司拆夥更難計算，如果妻子是全職家庭主婦，十年如一日地撫養小孩、照顧公婆，這就很難用金錢去評估她對家庭的貢獻度。另外，比經濟帳更難釐清的是，孩子的撫養權歸屬及雙方付出的機會成本。

相對來說，女性的機會成本大於男性。受生育影響，有些企業接受女性的最佳工作年齡遠低於男性。雖然現代女性在經濟價值上的貢獻度不斷提升，但是受限於社會共識，生育後，女性求職越來越困難；並且相親市場依然盛行「大齡女性的議價能力不如大齡男性」的觀點，造成女性婚姻、生育的機會成本大於男性。因此，歐美國家或地區的婚姻法往往對女性有所照顧。

婚姻經濟學：制度演變與風險分攤的解析

## 如何理解婚姻？

婚姻中激盪的總是人性中最真實的聲音和畫面。本節以婚姻制度歷史為脈絡，用經濟學原理解讀婚姻行為。

## 01　活下去

在西進運動[01]期間，一位名叫路易斯·亨利·摩爾根（Lewis Henry Morgan）的美國人，對印第安人的遭遇頗為同情。於是，他成立了一個大易洛魁社（Grand Order of the Iroquois），幫助塞內卡部落人奪回被誘騙出賣的土地，並籌款給塞內卡部落的子弟上學。

後來，摩爾根成了這個部落的英雄。這段經歷促使他對印第安氏族社會產生了濃厚的興趣，在部落領袖艾利·帕克的幫助下，摩爾根展開了深入的研究，寫出了著名的《古代社會》（Ancient Society）。西元1882年前後，馬克思（Karl Marx）讀了這本書，並進行了詳細的批註。不久後，馬克思與世長辭，恩格斯（Friedrich Engels）在收拾他的遺物時發現了這些批註，便決定繼承馬克思的遺志，寫出了《家庭、私有制和國家的起源》（The Origin of the Family, Private Property and the State）一書。

---

[01]　美國東部居民18世紀末至19世紀末期間向西部地區遷移的運動。

## 如何理解婚姻？

恩格斯認為，私有制下的婚姻演變為一場交易，而「只有繼續保持愛情的婚姻才合乎道德」。這一主張應該說到現代女性心坎裡了。不過，摩爾根的發現或許更接近本質——家庭是一個發現程序，以「活下去」為原則而演進。當時的婚姻是雜交群婚，沒有長幼親疏之別。但是，這種婚姻制度經過漫長的演變後，人類逐漸發現一個問題，痴呆、弱智、殘疾越來越多，這是近親繁殖產生的結果。

後來，又不知道過了多少年，人類發現了一個解決近親繁殖的辦法，那就是「混血」——我這個氏族男性或女性集體娶到或嫁到你那個氏族去。這就是集體群婚，氏族的戰鬥力一下子強大起來了。

「混血兒」的道理，幾萬年前的原始人就明白。恩格斯在書中說：「毋庸置疑，凡近親繁殖受到一定限制的部落，其發展一定比那些依然把兄弟姊妹婚姻當作慣例和規定的部落更加迅速，更加完全。」集體群婚還有一個重要理由是，「維持成年雄性的相互寬容，消除嫉妒」（蘇聯史學家謝苗諾夫）。

嫉妒，反映在所有哺乳動物的爭奪交配權上，它很可能導致族群「團滅」。

人類學家發現十幾萬年前，歐洲有一個被稱為尼安德塔人的種族，骨骼化石研究顯示，他們身材高大，體魄強健，

但後來卻神祕消失。人類學家推測，這一族群可能覆滅於因嫉妒引發的內鬥。

恩格斯發現，普那路亞家庭（Punaluan Family）規定，姐妹與兄弟之間不可通婚，要與外族通婚來維持本氏族的和諧，消滅嫉妒，壯大族群。後來，氏族社會的戰鬥力越來越強，三五成群地開始分化，獨立組建「家庭」，各謀「遠大前程」。這就進入了對偶婚姻制度。

對偶婚姻制度的表現形式通常為一個女人配多個男人。這就是母系氏族社會。

為什麼不是一個男人配多個女人？當時，生產力低下、人口死亡率高，而「家庭」的延續是關鍵，所以生育權大於狩獵權，女人擁有生育能力，自然成了對偶婚制時代的主宰。在當時，生育能力最強的女人，要配精壯、狩獵供養能力最強的男人。所以，在相當長一段歷史時期，即便是母系氏族社會，人類都是依據生育能力、供養能力，而不是血緣關係，更不是羅曼蒂克式的愛情主義來決定交配權。

當時，一切權力都要讓位於部落的生存權，甚至包括交配權。

謝苗諾夫在《婚姻和家庭的起源》中指出，原始人有一種「性禁忌」規則，要求在狩獵時期或者捕魚時期，禁止任何的性交活動，甚至禁止接觸與女人有關的東西，否則就被

認為是觸犯神明,乃是死罪。因為狩獵和捕魚,攸關著族群的生死存亡,這時候如出現因為性的爭奪而引發的內亂,勢必導致族群的滅亡。

再後來,人類的戰鬥力越來越強,生育權的重要性逐漸被狩獵權所替代,女人生育權沒能完全碾壓男人的經濟能力,母系氏族逐漸演進成父系氏族。對偶婚制就變成了一個男人配多個女人,之後再演化為單配偶制。

此時,供養能力對交配權有著決定性的作用。恩格斯對這部分做了精彩的描述,他認為這個階段的婚姻制度屬於單配偶制,並且是由財產私有制來推動的。

人類學家發現,鹽的發現和使用,推動了男權社會的崛起。男人狩獵的戰利品可以透過醃製來保存,男人的地位提升了,醃製的剩餘財產逐漸催生了私有制。這樣人類就從原始狩獵生活,過渡成為定居的農耕生活。

恩格斯認為,財產私有制確立後,男人要確定財產是被自己的親生兒子繼承,這樣就必須獨占女人,從而形成單配偶制。如果是一對一的單配偶制,會產生較大的繁衍風險。這個時候男權社會選擇控制女人來確認私有權,同時又與多個女人發生性關係,增強繁衍能力。

恩格斯的結論是,私有制下,男人徹底統治了婚姻,女人淪為男人的附庸和財產。「男子的勞動就是一切,婦女的

勞動是無足輕重的附屬品。」

恩格斯指出，女性逐漸走向被壓迫和被剝削的地位，其最根本的原因是私有制的產生。最後，他提出解放女性的口號，號召「女性除了真正的愛情原因之外，不會也不應該出於其他動機而委身於男子」。

## 02　別富貴

其實，財產私有制是否導致專偶婚姻，還值得商榷。

婚姻制度的演化是一個非常緩慢的過程。按照奧地利學派主張的「自發秩序」，專偶婚姻很可能不是財產私有制催生的，可能剛好相反，婚姻催生財產私有制。

氏族社會中，由於戰鬥力增強，氏族逐漸分化成小氏族、「家庭」單位。在「家庭」單位中，確認自己成員最好的辦法就是母系而不是父系。「孩子確定是我（女人）的，但不一定是你（男人）的。」

在漫長的母系氏族社會，先有家庭成員的「私有化」，然後一起戰鬥，獲取剩餘獵物，形成家庭私有財產。

「姓」產生於母系社會，「姓者，生也」，用來「別婚姻」，防止亂倫。到了父系社會才有「氏」。

中國早期的「姓」不少都有女字旁，如姬、姜、嬴、姒、媯、姞、妘、嫻、始、嫪等，說明出自早期母系氏族

社會。氏,一般是強大的部族有功賞賜而來的,用來「別富貴」。很多氏,源於姓,被母系某姓大族所封。

如皇帝姓姬,軒轅氏,又稱有熊氏;秦始皇,姓嬴氏趙,司馬遷在《史記》裡稱他為「趙政」;商鞅,「商」就是「氏」,是因為變法有功被封在商地的,獲得商氏。

從「姓」到「氏」,這是一個漫長的權力演變過程。

最開始,婚姻還沒完全被男性統治,女人在婚前還可以有性行為。歷史上,不少地方都存在「殺首子」的風俗,以求保證血緣的純淨,而這種殘酷的做法事實上說明了女性的地位在下降。

到了先秦時期,父系氏族已得到強化,不過還是能夠感受到浪漫主義的愛情。如《詩經‧衛風‧碩人》的「巧笑倩兮,美目盼兮」,《詩經‧鄭風‧野有蔓草》的「有美一人,清揚婉兮」。可見,當時民風比較開化,但大多數是男子追求女子,也展現了男女地位的嚴重傾斜。

先秦時期基本上形成了一套「父母之命、媒妁之言」的婚姻制度。如《詩經‧齊風‧南山》的「取妻如之何?必告父母……取妻如之何,匪媒不得」,《禮記‧曲禮上》的「男女非有行媒,不相知名。」

後來,西漢的董仲舒提出了三綱五常學說,即「君為臣綱,父為子綱,夫為妻綱」三綱,以及「仁、義、禮、智、

信」五常之道。這個制度雖然有了很大進步,但也是遵循存續法則。「父母之命,媒妁之言」、「夫為妻綱」、「一夫一妻多妾」等教條,確保了家族穩定、快速、高品質繁衍。

當時生產力和醫療水準低下,壽命和生育期都很短,資訊又不對稱,男女如果自由戀愛很容易錯過最佳生育期,從而導致「無後」。所以,最佳的解決辦法是,父母把關,媒婆因資訊相對充分,幫助找到門當戶對人家,最大限度地降低搜尋成本,提升契合度。

秦朝的刻石就有婚規:「貴賤分明,男女禮順,慎遵職事。」到了漢代,門閥士族盛行,更加強化門第,唐代也有「民間修婚姻,不計官品而尚閥閱」的婚姻等級觀。同時,妻妾從夫,確保血緣遺傳不出「BUG」(故障)。

當然,還有一整套教條以及宗族法令,如「不孝有三,無後為大」,來強化這一體系。

在農耕經濟時代,婚姻制度絕對比現在的貨幣制度還重要,它關係到勞動人口以及國家戰鬥力的延續。這套制度保障了一國的戰力,同時也保障了普通家庭的穩定延續。

這種婚姻制度依然遵循的是供養能力和繁衍法則。富人娶妻妾完成繁衍任務的同時,還能在花前月下談情說愛。相對的是,缺乏供養能力的窮人則可能找不到另一半。

恩格斯說,這種婚姻制度不以自然條件為基礎,而以經

濟條件為基礎，也不是男女性愛的結果，而是私有制確立的必然結果。恩格斯的《家庭、私有制和國家的起源》實際上是在向私有制宣戰，也在向封建包辦婚姻宣戰。

## 03　休皇帝

1931年的一天，太監趙長慶神情慌張地將三封律師函和一封離婚書交給溥儀。溥儀看後臉色大變，迅速命人「皇妃」文繡回心轉意，不過此時文繡已不知去向……

妃子竟敢把皇帝給「休了」，可謂千古奇聞，這讓溥儀和皇族顏面掃地。8月28日，雙方律師一同來到律師事務所，文繡攜妹文珊來到。

文繡控訴溥儀「事帝九年，未蒙一幸」，九年仍是「處女」之身，還常遭家暴。溥儀的律師林廷琛奉「聖旨」力主和解。但文繡提出五個條件，包括「贍養費五十萬元」、「個人行動自由」、「不得損其個人名譽」等。後經一來二去討價還價，溥儀東借西湊給了文繡5.5萬元贍養費，並提出「不得另嫁」的要求。

文繡念及舊情便答應了，結束了這段九年的無性婚姻。休皇帝、無性婚姻、爭寵、家暴，這些足夠讓報社、評書及街頭巷尾調侃一整年。

在外界的圍攻之下，文繡說出了那句振聾發聵的名言：

「我不能再用封建倫理觀念，來強行維繫這種不幸的婚姻了！」

最後溥儀命胡嗣瑗代自己寫諭旨：「淑妃擅離行園，顯違祖訓，撤去原封位號，廢為庶人，欽此。」次日，這道「諭旨」，出現在報紙之上，**轟動全中國，傳至海外**。溥儀試圖用這道「諭旨」挽回皇家顏面，怎知「覆巢之下，安有完卵」，無奈為文繡的「時代之音」增添幾分註腳，將當時**轟轟烈烈**的包辦婚姻終結運動推向高潮。

百萬年來，人類為了延續種族的婚姻法則，終於在20世紀初迅速瓦解，取而代之的是羅曼蒂克式的愛情宣言。民國時期的新文化運動者們，紛紛斬斷封建舊婚姻，掀起了一股離婚浪潮。

當時，廢棄舊式婚姻，成了一種思想解放的新時尚。一些學生天天鼓動身邊的人與原配離婚，當時著名的師生戀有魯迅與許廣平、沈從文與張兆和、舒新城與劉舫、孫俍工與王梅痕、瞿秋白與楊之華等。

其實，文繡「休了」皇帝，等同於休了兩千年來的包辦婚姻。包辦婚姻與自由婚姻，前者充滿壟斷與控制，地位不平等，以人口繁衍為目的；後者崇尚自由，因愛驅動，追求婚姻效用。

柏拉圖（Plato）說：「人本來是雌雄同體的，終其一生，

我們都在尋找缺失了的那一半。」包辦婚姻在自由婚姻的衝擊下一敗塗地,最終婚姻走到了一夫一妻制、雙方都「限購」的契約時代,一個充滿激情、自由、浮躁的時代。

## 04　投資品

1981 年,美國經濟學家蓋瑞・貝克(Gary Becker)走上演講臺脫口一句:「生兒育女是投資耐久財。」

臺下哄堂大笑,貝克會心一笑,接著一本正經地「胡說八道」。

1960、1970 年代,歐美家庭的解體已經成為世界潮流。當時,「與一個有 20 年婚姻歷史的另一半離婚,就如同辭退一個僱傭了 20 天的傭人一樣容易」,「為了愛情,就可以不斷地離婚」,很多夫妻結婚沒幾年就曲終人散,大量家庭解體,單親家庭問題越來越嚴重。

同時,頂客、一夜情、毒品、放縱、「自我時代」、「自戀主義」成為一種文化思潮。

社會學家大驚失色,但貝克顯得很冷靜。

貝克在他那劃時代的 1981 年出版的《家庭論》[02]（*A Treatise on the Family*）一書中告訴人們,人類的婚姻也是一

---

[02]　《家庭論》於 1981 年在哈佛大學出版社出版時,被該社稱為是貝克有關家庭問題的一本劃時代的著作,是個體人口經濟學的代表作。

種市場行為，人們會根據成本和收益來選擇使自己收穫最大的對象結婚。

結婚的成本主要來自兩類：一是交易成本，比如為了尋找配偶，相親吃飯，結婚辦酒席等花費；二是機會成本，是指為了選擇結婚而放棄的其他可能性，這些可能性包括個人自由、職業發展、經濟獨立、社交圈子等。在農業經濟時代，婚姻最大的收益不是性愛，而是繁衍後代。而自由結婚的收益則主要來自夫妻情感、兒女情感、安全感、歸屬感等。

現代女性經濟越獨立，越追求情感上的效用，而不是經濟上的依賴。這也是隨著經濟成長離婚率上升的重要原因。此時，婚姻更多遵循的是市場法則，而非氏族規則、家庭倫理。在現代婚姻中，人們可以承受更大的交易成本，可以不斷去探索自己心儀、滿意的對象。

自由戀愛、婚姻是一種市場發現的過程。從初戀、多次戀愛，再到結婚、離婚、再婚，就像一種自發追求幸福的過程。

婚姻制度從雜婚，到群婚、對偶婚，再到今天的「一夫一妻制」的專偶婚，實際上都遵循一個生存邏輯——經濟能力越強，婚姻群體越小，當經濟發展到今天這個水準，一些人不需要結婚也能生存得好好的，解決了安全感的問題。

## 如何理解婚姻？

　　古代的婚姻制度服務於經濟成長和人類生存，今日婚姻的選擇遵循於自身的效用與成本。雖然現代婚姻制度下仍有種種「不婚」的選擇，但相較古代封建封閉的婚姻市場也無疑是一種進步了。

　　正如海耶克（Friedrich Hayek）在《通往奴役之路》（*The Road to Serfdom*）裡所說的：「恰好是自由主義所帶來的巨大的經濟成就會為自由主義帶來災難。它具有簡直是『自我毀滅』的性質，在將來很可能被視為這一成就的最有意義和最有深遠影響的作用的東西，是人們對於由自己掌握自身命運的新感覺，是人們對可以無止境地改善自己的處境的信念，一種由已實現的東西所喚起的信念。」

# 人口經濟學：
# 低生育率與高齡化的理性檢視

人類的生育是自然行為，卻難以忽視其社會屬性。

一個時代、一個國家的人口，與其經濟發展息息相關。

從歷史經驗來看，經濟越發展，生育率越低，這種趨勢似乎難以逆轉。

身處生育率持續走低、高齡化程度不斷加深的週期內，我們應該思考些什麼？

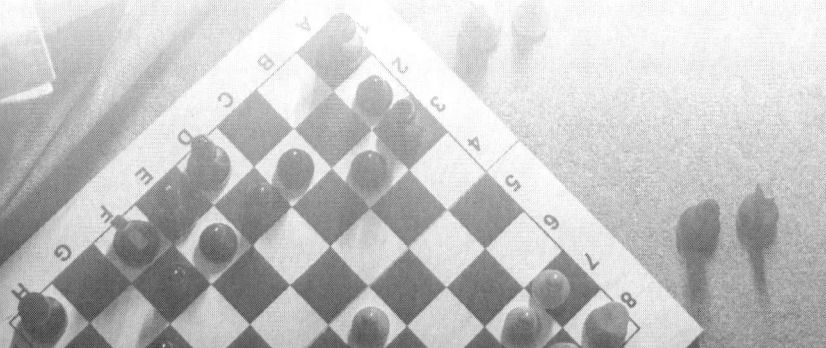

## 生育率為何走低？

對於人類,生育是一項豐富複雜的綜合活動。

人類的生育活動,涉及夫妻情感、社會觀念、動物本能、避孕技術、生育政策、生命繁衍以及偶發因素。

然而,保險套發明之後,人類掌握了生育的「自主可控技術」,盡情享受歡愉的同時,還可以主動選擇不生孩子,或何時生孩子。

所以,保險套事實上為人類帶來了一場人口及經濟革命。它將人口生育從自然生物的本能領域,推進到社會經濟的主動選擇領域。如此,人口生育問題的研究變得更為清晰,人類更多地遵循成本與功效的經濟規律,做出功效最大化的選擇。

所以,人類生育,已演變為一項類市場行為,受市場規律的支配。

不過,生育卻不是一項最符合柏拉圖效率(Pareto Efficiency)的交易活動。顧名思義,生育,除了生,還要育。生孩子以及教育,都要付出大量的成本。夫妻雙方往往會綜合考慮生育的成本、生產的風險以及養育的效用,然後做出避孕、生育等不同的選擇。

最典型的說法是,「高房價是最好的避孕藥」。不少夫妻選擇只生一胎、延遲生育,甚至晚婚,或都與高房價帶來的高養育成本有關。

生兩個孩子之後,兩房可能要換三房的房子,五人座的車可能要換七人座;夫妻其中一人可能要放棄工作專職帶孩子,或聘請保母增加開支;孩子的教育培訓、吃穿住行、醫療保險等費用,以及培養所付出的時間精力成本,都增加不少;兒女長大之後婚嫁、住房等壓力,也會迎面而來。

孩子的出生,為家庭帶來溫暖、快樂,以及情感寄託;孩子的成長,為父母帶來教育的成就感,以及陪伴、分享、見證、參與生命成長的巨大收穫。生育是生命、財富、家庭以及責任代際傳承的基本保障,既可以降低個人衰老的風險,也能夠更有效地抵禦家庭的不確定性風險。

當然,「一千個讀者眼裡有一千個哈姆雷特」,每個人及家庭都會有自己的生育成本及效用的考量。

所以,生育,終究是一項私人活動。

經濟學家擔憂人口紅利消失,鼓勵多生育,但效果依然不明顯。並不是這代年輕人不給力,而是生育受經濟規律左右,不僅受成本收益函數影響,也受邊際效用遞減規律影響。

人口經濟學：低生育率與高齡化的理性檢視

## 01　生育效用遞減，機會成本遞增

　　經濟成長與生育率有著密切的關連：隨著經濟成長，國家人口出生率逐漸降低，穩定在一個低生育率的水準上。

　　由於移民眾多，美國的總生育率[03]被認為是西方國家中比較良性的，但如今創下40年新低，2017年降到1.76，低於2.1的人口維持均衡的生育率，步入了低生育率國家行列。

　　先進國家中，美國、日本、德國、加拿大、澳洲、紐西蘭出生率都低於2.1，韓國、新加坡只有1.2，希臘、西班牙、葡萄牙、義大利也徘徊在低水準。反觀尼日、南蘇丹、查德、索馬里、安哥拉、蒲隆地、馬里等低收入國家都維持著高生育率。

　　經濟發達程度與生育率之間，並不是簡單的因果關係，而是一種複雜的相關關係。

　　「高房價是最好的避孕藥」說明了高房價或低收入會降低出生率，那麼為什麼低收入國家的生育率反而更高，先進國家則要低得多？

　　如果爆發經濟危機，經濟在短期內出現嚴重衰退，大量企業倒閉，工人失業，居民收入快速下滑，這時生育成本則

---

[03] 總和生育率（TFR）為一個婦女在其生育年齡層（15～49歲）按現有的生育水準計算平均可能生育的子女數。

大幅度上升,家庭的邊際收益率和收入預期趨於悲觀,生育率則會快速下降。例如,1933年經濟大蕭條期間,美國出生率快速下降到2.17;1970年代停滯性通貨膨脹期間,美國生育率受到了抑制。

高房價問題也是同理。房價如果在短期內快速上升,家庭實際收入變相縮水,住房、購屋成本則大幅度增加,如此人口生育也會受到抑制。

經濟短期內快速上漲也會出現這種人口生育波動。例如,羅斯福新政實施後,經濟復甦,尤其是二戰後,經濟快速發展,美國出現了一波嬰兒潮。

所以,經濟的短期快速上漲或下跌,物價、房價短期波動,與生育率呈正相關。但若從長期來看,經濟成長與生育率則呈負相關。

為什麼?

這個問題只能由邊際理論來解釋。長期來看,經濟成長相對穩定,收入預期也相對平穩,接近「技術水準保持不變」這一前提,此時生育則會呈現邊際效用遞減的特徵──經濟成長,收入增加,生育率下降。而經濟、物價、房價短期波動,改變了「技術水準保持不變」這一前提,則不符合邊際效用遞減規律。

在經濟穩定成長時期,為什麼家庭收入增加,生育率反而降低呢?

一是生育邊際效用遞減。

生了兩胎的夫妻可能更容易體會什麼是生育邊際效用遞減。我們經常說,「老大照書養,老二照豬養」。第一個寶寶出生,父母會比較幸福,各種拍照、各種晒小孩,玩具、衣服、紙尿褲、奶粉、推車、啟蒙教育等都慎重選擇。

但老二出生後,為父母帶來的興奮感和滿足感就大幅度下降。衣服、玩具、推車能用老大的就用老大的,甚至不少還是從他人那接手的二手用品。即使富裕的家庭,父母對老二投入的金錢、心血以及養育帶來的滿足感、愉悅感、興奮感也不如老大。

當然,每個家庭之間存在差異,如果老大、老二性別不同,或父母對孩子性別偏好不同,育兒效用也會有差異。但總體來說,生得越多,生育的邊際效用越遞減。若再生幾個,邊際效用會明顯下滑。

生育邊際效用遞減規律,不受家庭條件影響。只要技術水準(主要是影響生育相關的革命性技術,下同)保持穩定,隨著經濟穩定成長,高收入家庭和低收入家庭的生育邊際效用都會呈現遞減態勢。

二是生育機會成本遞增。

當收入增加時，生育的機會成本也會增加。假如你的月收入為3萬元，若要放棄工作、休息或學習的時間去生孩子，這個生育的機會成本要大於月收入3萬元。收入較低時，生育的機會成本也偏低。

所以，很多職業女性包括部分男性，在工作的起飛期，即高收入時期，不願意生孩子，或延後生育的計畫。

隨著收入的增加，生育機會成本遞增，反過來又降低了生育的邊際效用。很多高收入職業女性，在職場上獲得的收入、榮譽、地位、成就感、滿足感等綜合效用，要大於生育帶來的效用。如此，她們就會選擇暫時不生育或少生育。

相反，對於低收入者來說，生育兒女帶來的快樂和滿足感，可能要大於職業帶來的收入快感和成就感。多生育、長期帶孩子，也是一件熬人的事，生育的邊際效用會出現明顯的遞減，即使一些收入不高的婦女最終也可能選擇就業，從而減少生育。

如果家庭收入在提升，女性不需要從事職業勞動，或者家有傭人照看孩子，生育率還會降低嗎？

這種情況會有所改善，但是依然無法擺脫生育邊際效用遞減的規律，生育率也會下降。主要原因是，女性即使不上班，也會有其他需求，比如說休閒、學習、娛樂等，這些都是生育的機會成本。

《紐約時報》一項民意調查顯示，美國育齡族群不生孩子的第一大理由是「想要休閒時間」。對於他們來說，休閒帶來的效用大於生育。

一邊是生育邊際效用遞減，一邊是生育機會成本上升，所以，經濟發展，收入增加，生育率會逐漸下降。

美國擺脫 1970 年代停滯性通貨膨脹危機後，從 1980 年代開始，總生育率伴隨著經濟穩定成長而平穩下滑；到 1990 年代，美國生育率一直維持在 2.0 左右，近些年則進一步下降到 1.8 以下。

當然，不同國家和地區的育兒觀不同，邊際效用也就有差異。與亞洲人相比，歐洲人覺得生兒育女可以增添生活樂趣的沒那麼多。在德國，每 4 人中只有 1 人認同「享受有子女的天倫之樂」觀點。另外，依靠兒女養老的國家，要比制度性養老國家更傾向於生育。

三是少生優生增加邊際效用。

受生育邊際效用遞減、機會成本遞增的驅動，更多父母選擇少生子女，轉向優生優育。如果經濟持續成長，收入預期穩定，少生必然會轉向優生優育。

《紐約時報》這項民意調查還顯示，美國少生孩子的主要理由有「育兒費用太高」、「想給已有的孩子更多時間」、「對經濟憂心忡忡」、「想要更多休閒時間」⋯⋯

與第二胎的投入產出相比,對現有孩子的投入,可能成本更低,效用更高。簡單來說就是,花更少的錢,帶來更多的快樂和幸福。養孩子的規模效果很低,很難標準化生產、養育,邊際成本極高。這些費用如果用在一個孩子身上,或許可以有更好的教育、更多的旅行和更好的成長。人們普遍擔心的是,多生一個,結果兩個都沒養好。

近幾年,隨著家庭收入的增加,很多家庭沒有生育兩個或以上的孩子的打算,而是將大量的資金投入單一孩子的培養上。

我們再來關注低收入者。為什麼低收入國家、低收入者願意生更多孩子?低收入者考慮的標準也是如此,與優生優育相比,他們更願意多生,因為多生孩子可能為他們帶來的收益更高。低收入族群,父母大多寄託於養兒女防老,或生育更多的孩子抵禦不確定性風險;相反的,對於低收入家庭來說,給孩子提供更好的教育及生活,是一件成本很高,甚至難以達成的事情。

所以,對於低收入者來說,多生的安全感、滿足感是大於優生優育的。

當然,更多家庭不是絕對的低收入者或高收入者,他們的家庭財富、教育程度一直在動態變化,他們的生育選擇也會隨之變化。譬如,有時候父母可能覺得對一個孩子進行投

入,效益、效用趨於悲觀;也可能透過一個孩子的養育有了經驗,希望第二胎能夠養得更好;也可能是希望兩個孩子,相互有個伴,長大有個照應,家庭更加溫馨,自己養老更有保障,家庭的總體效用更高。

但是,不管每個家庭出於何種考量,都無法違背生育效用遞減規律,生育邊際偏好不可能持續遞增。所以,短期的高房價、高物價對生育率有抑制作用。從長期來看,經濟持續成長,收入穩定增加,生育相關技術未發生變革,生育邊際效用呈現遞減趨勢,生育率依然難以避免地持續下降。

在這一過程中,生育選擇會從少生轉向優生優育,從而推動家庭及國家人力資本的增加。

## 02　邊際收益遞減,馬爾薩斯陷阱

生育率大幅下降的國家,引起了一些經濟學家的擔心,呼籲國家必須改善生育政策,增加生育人口,解決勞動力不足的問題。但是,任憑經濟學家如何呼籲,出生率依舊低迷。

實際上,無論是節育還是鼓勵生育,都是違背「自然法」,也違背經濟規律的。

在生產力低下的古代社會,人口是第一資源,經濟成長依靠人口、土地的量化成長。古中國、古印度、古巴比倫、

古埃及,都是人口眾多、土地遼闊的大國。

到了18世紀,英國經濟學家馬爾薩斯(Thomas Malthus)發現,人類歷史進入了一種簡單的重複循環:人口大規模成長,經濟快速發展,當人口規模到達一個程度時,土地、糧食就不夠用,人類會面臨饑荒、瘟疫、戰爭。

這就是著名的「馬爾薩斯陷阱」。馬爾薩斯認為,人口以指數形式成長,土地和糧食則是以線性速度成長,人口規模超過土地供給極限時,社會就會掉入「馬爾薩斯陷阱」。

馬爾薩斯的父親堅持古典主義人口觀,馬爾薩斯與其父親為此經常爭論,後來他將這些爭論整理成一本書——《人口學原理》(An Essay on the Principle of Population)。他主張透過節育政策來降低人口數量,以避免災難。

今天我們知道,馬爾薩斯的預言沒有成真。但是,在工業革命之前,人類社會的演變基本符合馬爾薩斯理論。遠古及古代社會,人類的生產力、科技水準長時間徘徊在極低的、幾乎恆定不變的水準,人類社會一次又一次地因人地矛盾而發生饑荒、搶奪、戰爭以及瘟疫。幾千上萬年,人類都沒能擺脫「馬爾薩斯陷阱」。

但是,馬爾薩斯時代,英國正在爆發工業革命,但他和當時不少經濟學家都沒有觀察到這一根本性的變化。這次工業革命實際上是工業技術以及工業制度革命,這場革命徹底

改變了人類上萬年來低水準的科技及生產力。

工業革命之後，機械化農具的使用、種子化肥的改進以及農耕技術的進步，大大提升了糧食產量，從而帶領人類擺脫了「馬爾薩斯陷阱」。

在 1950、1960 年代，中國堅持古典主義人口觀，大力鼓勵人民生育，迎來了第一波嬰兒潮。這波嬰兒潮中，生育規模最大的時期為 1965 年到 1970 年初。所謂的人口紅利，基本上來自這一時期出生的族群。

到了 1970 年代，中國人口觀發生了逆轉，當時節育派採用馬爾薩斯人口理論，主張限制人口生育。從 1980 年到 2000 年前後，中國實施了嚴格的計劃生育政策。這一政策的直接結果是，勞動的人口多，人口紅利大增，降低了商品製造的價格。

如今，這批規模巨大的創造者逐漸退休，青年群體的規模因當年的節育政策而無法跟進，人口紅利快速消失。過去工作的人多、養育少的人口結構，逐漸逆轉為勞動人口少、養育多的狀況。這種極端轉變，為養老、育兒以及經濟成長帶來巨大的壓力，因此經濟學家又開始呼籲需改善生育政策。

在「馬爾薩斯陷阱」中，技術水準恆定，社會經濟呈現邊際收益遞減規律。例如，一畝地中，無論增加多少百人、

萬人,這畝地的邊際收益率也不會增加,反而會下降。簡單來說,人口增加,人均產值在下降,人均負擔卻在增加。

如今,低生育率國家的擔心,與馬爾薩斯當年的擔心是一樣的。低生育率國家擔心人口高齡化,擔心勞動力減少、養老規模增加,即人均產值下降,人均負擔增加。馬爾薩斯最大的失誤是,他沒有觀察到當時發生在他身邊的工業革命,忽視了技術進步的力量。實際上,馬爾薩斯受亞當斯密(Adam Smith)的影響,很難發現技術進步的力量。在古典主義經濟學正規化下,技術只是一個外生變數,常被假定為不變,經濟則按照市場機制配置各種資源,並達成均衡,否定規模報酬遞增。古典主義最大的優點是幫助我們從整體上理解經濟世界的關聯性,但是它最大的弱點是無法解答因果性。簡單來說,關於「為什麼」的問題,古典主義都回答不出來。

所以,馬爾薩斯等不知道經濟為什麼會成長,他們只看到數量成長,而忽視了技術進步,自然就無法跳出「馬爾薩斯陷阱」。

隨著經濟發展,收入增加,人口高齡化,人口生育率下降,這是一種必然趨勢和客觀規律。如果盲目採用政策來改變,則可能造成災難性後果。過度鼓勵生育後,人們享受了人口紅利;未來,也將會承受人口結構性失衡的壓力。

如果政策不介入，人口陷入負成長的國家不會消亡嗎？人類不會滅絕嗎？人口不斷下降，經濟衰退怎麼辦？

## 03　邊際收益遞增，人力資本福利

首先，必須說明的是，人口生育需要政策干預，但不能直接介入。其次，生育問題應該遵循經濟規律，主要依靠技術進步來解決。最後，人力資本取代人口紅利，成為生育問題、勞動力問題及經濟成長問題的解決方案。

到目前為止，人類發現最好的資源配置手段依然是市場。人類經濟面臨的各種問題，最終都是由技術進步來解決的。自從近代科學技術興起之後，經濟由原來的量化成長轉變為指數型成長，而指數型成長來自技術和知識革新。

根據熊彼得經濟循環理論，每當經濟進入衰退時，企業家都會努力創新，尋求突破，透過新技術、新產品或新知識，幫助企業建立競爭優勢，促進經濟復甦，重新建立動態平衡。

實際上，人類發展、經濟成長、技術進步都是被逼著走的。當人口數量下降時，如果技術水準保持不變，經濟逐漸下滑，收入逐漸降低，人均產值則會下降，邊際收益遞減，人類則會面臨當年馬爾薩斯所預言的危險情境。

但是，人類在面臨這種壓力時，會努力革新技術，提升

人均產值,促進經濟成長,從而避免「馬爾薩斯陷阱」。技術的進步,改變了之前邊際收益遞減的條件,將邊際收益曲線右移,在更高的水準上重新勾勒一條遞減曲線;當邊際收益遞減到一定程度時,技術又會實現新突破,然後又將這條曲線右移,建立更高收益水準的曲線。

如此,反反覆覆,進行動態平衡。經濟和收入在一波波技術革新推動下浪潮式前進,實現規模報酬遞增。這就是邊際收益遞減與邊際收益遞增的互相結合。

在生育率下降的過程中,經濟必然會受到影響,但這是我們必須承受也必須忍受的。從短期來看,生育率降低拉低經濟成長,但從長期來看,生育率下降,經濟增速或許下降,但人均產值反而可能會增加。

如果人為過度、直接干預生育會造成什麼後果?

舉個例子,當經濟進入正常的週期性衰退時(非經濟危機、大蕭條),如果一家企業因盲目擴張而導致資金鏈斷裂,此時央行能夠提供足夠貸款幫助其度過難關,那麼這將產生道德風險,破壞市場競爭,最終不利於這家企業技術進步及持續經營。

當企業面臨缺工及成本上升時,經營壓力也在增加。此時,老闆通常都會努力想辦法來降低成本,比如改進流水線技術,採用智慧流水線,降低勞力需求數量,或者使用成本

更低、技術更好的材料等，從而推動技術進步。

但是，假如透過某種生育政策，勞動力又變得充裕了，那麼工廠則不會選擇技術革新，而繼續使用廉價勞動力。

一個國家的製造業先進技術，正是在生育率下降、勞動力價格上升、持續工人運動以及工會鬥爭的綜合因素影響下不斷推動、不斷革新的。

所以，沒有什麼是理所當然的，一些痛苦是必須承受的，波浪式地忍受痛苦和享受喜悅，是人類經濟發展的必然規律。

技術進步，解決了經濟成長問題，但如果生育率持續走低，人口負成長，人類不會滅亡嗎？

按照生育邊際效用遞減規律，人口會持續減少，但是人類不會因此滅亡。為什麼？

所有的邊際效用遞減規律都有一個前提條件，那就是技術水準保持不變。如果與生育有關的技術進步，原有的生育邊際遞減規律的條件發生了變化，邊際曲線會右移，人口會在更高生育水準上重新建立生育效用遞減曲線。

如何理解？

當影響生育的技術進步到一定程度，或發生了技術變革時，人口生育率會提升，人口生育規模也會增加。當這一技術穩定時，生育率又會隨著經濟成長而遞減。

例如，試管嬰兒技術、無痛分娩技術的進步，大大降低了女性生產的機會成本，提升了生育邊際效用。當然，目前影響生育的相關技術還沒出現革命性的進步，這種技術「微創新」還無法阻止人口生育率下滑。但未來基因技術、試管嬰兒技術以及其他醫療技術出現顛覆性創新時，人口規模以及人力資本，會在市場的調節下重新回到相對合適的位置。

300多年來，市場機制受到一次次的挑戰和質疑，也暴露出非常多的缺陷，但至少到目前為止，它依舊是最具效率的機制。不過，對於生育問題，我們依然要保持謹慎，因為這個問題關係人類的前途和命運。

受生育邊際效用遞減規律影響，在生育相關技術保持不變的前提下，隨著經濟成長和收入提升，人們會減少生育數量，然後選擇優生優育，提升孩子的教育水準。這種經濟規律，實際上推動了市場要素從勞動人口向人力資本轉型。一邊是人口數量減少，一邊是人力資本提升。

人力資本的提升，促進了技術進步；技術的進步，又推動了生育效用曲線右移，促進人口增加。因此，人類不會因此滅亡。人們會在技術的革新浪潮中，反覆地透過邊際效用及成本理論，在生育數量和生育品質之間一次次建立新的平衡。

這實際上是局部層面的經濟結構轉型更新，從而推動經

濟由量化成長朝向品質型成長、指數型成長轉變。具體到個人，就是你依照什麼標準考慮生孩子的問題。

一提到市場，我們不能陷入絕對化思維的錯誤，認為應該完全把人類的命運交給市場。市場雖具有效率，但也會犯錯誤。從 1970 年代開始，西方國家的經濟學派不再糾結於「政府之手」和「市場之手」的爭論。布坎南（James Buchanan）、海耶克、阿羅（Kenneth Arrow）、波斯納（Richard Posner）、寇斯（Ronald Coase）等經濟學家共同找到了一個方向，並形成了共識，即透過確立制度來共同管理市場和政府這「兩隻手」。

所以，任何經濟領域以及市場行為，都必須受到法律有效的監督。在這一框架下，政府採取合理的干預行為，不違背經濟規律，提供更好的公共福利。

我們回到生育問題。那麼生育該如何干預呢？

全面改善生育政策，將生育問題交給市場來選擇，不直接干預生育，不違背經濟規律。

目前，許多地方透過搶人口的方式來解決高齡化和人口不足的問題，但這顯然是一種零和賽局。全面改善生育政策、重視生育問題更為重要。

鼓勵生育的政策帶來人口結構的失衡，使高齡化加速，而年輕勞動力則相對緊缺。

## 生育率為何走低？

其實，真正的問題，不是生育率下降，而是「未富先老」。

如果人口生育率下降，是自然下降，是受生育邊際效用遞減規律趨勢的影響，那麼這並不可怕，因為技術的革新、市場的調節，可以促進人口恢復均衡。但是，過度的人為干預，出現「未富先老」，容易導致市場失靈，市場在短期內難以調節回來。這是當前最大的問題。

在高齡化及生育率低迷的環境下，國家需要做的是改善財富分配，完善社會保險制度，降低年輕人的養老壓力；大力完善幼兒撫養、基礎教育，提供更多的公共醫療服務，大幅度降低生育、養育兒女的成本。

另外，房地產蓬勃發展對帶動經濟高速成長貢獻了重要的力量，但也提升了現今家庭的生育成本，政府有必要建立更多社會住宅，降低生育家庭的經濟壓力。人口結構失衡帶來的生育問題，可能需要用過去人口紅利創造的財富來解決，盡可能地熨平這一大褶皺，緩解市場扭曲程度。

長期來看，如果生育相關技術沒有發生革命性變化，生育率下降是必然的。最危險的一種情況是，生育率已經大幅下調，高齡化負擔成本不但提升，而且經濟並沒有跨入技術疊代帶來的新週期。

所以，只有擴大對社會福利的投入，才能相對平穩地過渡到低生育時代。生育問題，與社會福利問題息息相關。

◆ 人口經濟學：低生育率與高齡化的理性檢視

# 如何應對高齡化？

低生育率及高齡化這兩大難題，未來會越來越突出，將深深影響經濟成長和社會演變。

如何認清低生育率和高齡化問題？高齡化的真正挑戰是什麼？如何解決當前養老金虧空問題？人口危機到底是什麼危機？

## 01 低生育率與高成本

低生育率與高齡化，幾乎是一組相伴而生的問題。

歐美日等國家生育率下降，主要是受生育邊際效用遞減的支配。多生的邊際效用在遞減，但在少生優生上得到效用補償，如此生育率下降，人口品質在提升。

如果人口的成長能夠從數量型朝向品質型平滑過渡，低生育率的危機其實並不是危機。一個國家的人口數量會穩定在一個水準上，尤其是伴隨著生育技術的進步，人口數量和品質可以達到一個比較理想的動態平衡。不過，目前，歐美日等國家或地區都沒進入這種動態平衡，人口品質在提升，但生育率低迷。

筆者認為，讓生育權回歸家庭，讓個人自由選擇，不限制也不鼓勵是遵循基本規律的普遍適用做法；但是，為了避

免陷入低生育率危機、糾正已經被扭曲的生育成本,需要針對鼓勵生育頒布刺激措施。鼓勵生育其實是彌補歷史限制生育的缺陷,也是降低生育成本的有效方法。

如果康德(Immanuel Kant)在世,他定然會說:「人是我們生活的全部目的,人就是目的。」鼓勵生育,並不是本人想要表達的本意。提供生育補貼和生育保障,目的不是鼓勵生育,而是讓他們有更多自由的選擇:生,或不生,或者其他。

## 02 高齡化與養老保障

延遲退休是國際上應對高齡化的共通政策。比如,深度高齡化的日本,在2001年推行延遲退休政策,男性從原來的60歲推遲到2013年的65歲,女性從原來的60歲推遲到2018年的65歲。

如果每個人在勞動年限內所賺取的淨財富能夠滿足自己的養老所需,那麼養老金應該不會出現虧空問題。但是,還可能出現以下幾個問題:

一是預期壽命延長。平均預期壽命的延長,是各國延退的主要理由之一。

二是通貨膨脹。養老金貶值,是每個人養老的「殺手」。

三是養老保障水準提升。比如,日本的養老是建立在高

標準水準之上的。2017 年，日本一對繳費 40 年的夫妻，退休後每月可領取的國民年金和厚生金加起來一共超過 22 萬日圓。

因此，養老政策是一個非常具體的政策，需要關注實際情況，不可盲目參照其他國家的做法。

## 03　自主性與人口危機

低生育率與高齡化，構成當前的人口危機。人口危機，表面上是人類繁衍危機，實質上是人類自由危機。

人類的結婚、生育、就業、退休，都是經濟行為。在一個自由選擇的環境中（假設制度有效），這些行為不會出問題，會出現最佳的結果，不會爆發人口危機。反過來，如果選擇不自由，人口危機定然出現。

避孕技術普及之前，人類的生育行為是不自由的，無法自主可控，生育不可避免地成為其副產品。那時候，天下太平、國泰民安，出生率暴漲，出現人口過剩危機。後來，即便避孕技術普及了，人們對人口過剩危機的恐懼依然存在，於是就有了限制生育政策。限制政策干預生育自由，降低了社會福利，有能力供養的家庭無法多生育，降低了社會整體的人口素養。

所以，人口危機的關鍵是看生育行為的自由度。生育行

為的自由度取決於以下兩點：其一是否有限制性的生育政策；其二是否有市場扭曲，進而提升了生育成本，間接干擾了生育決策。

我們先看歐美日等國家或地區，這些國家（地區）目前沒有限制性的生育政策，但是否有市場扭曲的狀況，間接地影響了生育率？肯定有一些，比如 1990 年的日本泡沫危機，這是一場人為製造的危機。泡沫危機「擊穿」了眾多日本家庭資產負債表，家庭收入下降，負債增加，拖累了生育率。日本的生育率也是在泡沫危機後開始大幅下跌的。

但是，整體上來說，歐美日還是經濟自由度高的國家或地區，市場扭曲程度相對較低，對生育自由的干預相對較少。這些國家提供了大量的社會保障，以降低生育成本，提升生育自由度。社會保障一定程度上可以緩解市場扭曲帶來的影響，比如住房保障可以降低高房價的壓力。

當然，這裡是有爭議的。歐美日等國家或地區大量的社會保障資金來自超額印鈔，大量印鈔一方面為社會保障提供了資金，另一方面也扭曲了市場。

綜合來看，歐美日等國家或地區的人口危機，不是真正的危機，或根本性的危機。

日本是世界上最長壽的國家，養老保障水準高，生命品質高，人口素養高，貧富差距小。即便在泡沫危機後，日本

經濟低迷,但其基礎技術累積依然相當雄厚。當前日本人口負成長的情況,未來可能會被生育技術進步所改變。

再看中國的人口危機。中國的低生育率和高齡化問題,從數字上來看似乎沒有歐美日等國家或地區嚴重。但是從趨勢來看,則需要對此有所警惕。

我們知道,生育行為的自由度取決於生育政策和市場扭曲。中國家庭的生育行為,先前受生育政策限制,如今主要受市場扭曲(高房價)干擾。放開二胎化政策後,生育率依然沒有持續回升,有些家庭放棄了二胎,主要原因就是第二個因素,高房價抑制了生育率。

另外,中國的社會保障,尤其是社會住宅的不足,以及生育相關保險的嚴重缺乏,相當於放大了高房價對生育行為的扭曲。如果社會保障和公共資源更加充足,父母對下一代的教育焦慮可能會減輕一些,生育成本或許會下降。

通常,在生育率下降的同時,政府、社會及家庭將更多的資源投入更少的孩子上,人口素養會提升,進而推動技術進步和經濟轉型更新。但是,目前中國面臨的問題是,人口數量下降,高齡化加劇,勞動人口減少,人口素養的提升受制於高房價、高生育成本。

人口的繁衍促進社會的有效延續。家庭,既是人口繁衍的關鍵環節,也是經濟與社會最佳演進的重要組織之一。人

的壽命是有限的，家庭的代際資源配置才是最有效的方式。

然而，家庭配置資源需要代代延續，需要藉助於生育。生育多少個孩子、如何教育孩子、投入多少教育資本，都影響著家庭代際資源配置的效果。

反過來說，生育行為受到限制與扭曲，人口的延續沒有遵循經濟行為，不是一個平滑的曲線，這可能形成人口衝擊，也可能形成人口斷層，還可能出現性別比例失調。如此，家庭資源配置效果下降，經濟效率下降，生育政策的社會成本落到了獨生子女一代身上，而高房價的壓力也落到了這一代人身上。社會延續過程中形成漏斗型的成本擠壓，經濟發展受阻，社會矛盾湧現。

所以，直接干預生育行為，以及高房價扭曲生育行為，與過度擴張貨幣一樣，會扭曲勞動力的供給以及價格，不利於市場資源配置，不利於技術進步和製造業轉型更新，更不利於社會最佳演進。

## 如何提升人力資本？

人口高齡化，是目前世界面臨的挑戰，但不是洪水猛獸。

勞動力是經濟成長的重要動力之一。作為生產要素，勞動力與資本（機器）、土地一樣都存在自然衰竭和邊際遞減的不可逆之勢。

土地肥力隨著耕種而持續衰減，機器隨著運轉而持續磨損，人的骨骼、大腦及神經系統亦如此。

勞動力、土地、資本（機器）不可逆地衰減（邊際遞減），如何保持經濟持續成長？

答案是技術疊代。

當土地肥力衰減時，我們研製化學肥料，改進耕種技術和育種技術，提升土地肥力和生產率。

當資本（機器）衰減時，我們研製新材料、新工藝、新裝置取而代之，提升技術生產效率。

當人類面臨自然衰減時，我們同樣需要更新換代（包括同代和代際之間）。讓自己或下一代學習更多的新知識，掌握更多的新科技，透過技術、知識及制度創新，提升勞動生產效率——更少的人、更少的時間創造更多的財富。

蒙格（Charlie Munger）與巴菲特（Warren Buffett），兩人年齡加起來超過了180歲，依然管理著龐大的資產，馳騁全球資本市場，這在100多年前是很難想像的。

如今，父母非常重視孩子的教育，本質上也是在做技術疊代的工作——人口紅利向人力資本轉變。

但能否降低制度成本是關鍵。

本節從生育、高齡化與教育之局部視角，洞悉中國經濟轉型更新之演進路徑。

## 01　人口紅利：量化成長模式

人口高齡化遵循要素邊際收益遞減規律。

人口高齡化，一方面是生育率持續走低，另一方面是壽命持續延長。

我們無法控制生命的終點，但可以控制生命的起點。當今人們用市場化思維安排生育行為，使高齡化成為不可逆的趨勢。從根本上說，高齡化是市場行為選擇的結果。

每逢國泰民安、社會繁榮之時，人口便快速成長，最終導致人地矛盾、糧食不足，頻頻發生饑荒、瘟疫和戰爭。

這就是人類社會的「馬爾薩斯陷阱」。

亞當斯密在《國富論》（*The Wealth of Nations*）中說：

「當薪資上漲時,人們願意生育更多的人口以增加勞動力供給。」

人類並非天生就是勞動力,人們生育的目的非常多,並不完全按照市場需求而生育。但是,當生育能夠帶來規模經濟時,人們更願意為生育付出努力。

在量化成長模型(技術水準保持不變)中,當邊際成本小於平均成本時,則發生規模經濟。這時,投入勞動力越多,總產出越大,規模報酬遞增,經濟越繁榮。

例如,一條流水線(一塊地):

投入 2 個勞動力,產出 200 單位,人均產值 100;

投入 3 個勞動力,產出 450 單位,人均產值 150;

投入 4 個勞動力,產出 800 單位,人均產值 200;

投入 5 個勞動力,產出 1500 單位,人均產值 300;……

投入勞動力越多,產出越大,人均產值越高,即產生規模經濟。

這就是「人多力量大」的經濟邏輯。

這種成長模式,我們稱之為「量化成長模式」。

在工業革命之前,幾千年來,人類的技術基本上是停滯的,非常符合量化成長模式下技術水準保持不變的前提。這幾千年,人類經濟成長完全依靠人口和土地的數量堆積。當

人口、土地成長時,經濟開始成長。

古埃及、古巴比倫、古印度、古中國以及古羅馬,都是人口及疆域大國。在農耕時代,經濟成長率與人口成長率呈正相關。

所以,勞動力數量和土地規模是量化成長的根本動力。在工業革命之後,勞動力依然是製造業成長的主要動力。

英國第一次工業革命及維多利亞時代(西元 1760 ～ 1900 年)、美國鍍金時代(西元 1870 ～ 1900 年)、韓國漢江奇蹟(西元 1962 ～ 2002 年)、中國改革開放 40 年(西元 1978 ～ 2018 年),以及二戰後的德國、日本、英國,都是人口及勞動力飛快成長的時期,工業經濟享受了巨大的人口紅利。

以英國為例。在 16 世紀以前,英國人口和經濟成長率均低於西歐平均水準。18 世紀前 50 年內英國人口的成長率幾乎可以忽略不計,與農耕時代的低成長一樣。

但工業革命爆發後,人口成長率開始上升,西元 1755 年到 1775 年,英國人口年均成長率超過 0.5%。這個數字看似很低,但與過去英國及同期他國的零成長相比,已經非常突出。

布勞岱爾(Fernand Braudel)的《文明史綱》(*Grammaire des civilisations*)記錄:「18 世紀英國人口飛速成長,為工業

發展提供了充裕的廉價勞動力。」

工業革命大幅度提升了醫療水準，改善了居住條件，提升了人口生育率、存活率，以及勞動人口的數量及年限。大量廉價的棉紡織品，讓英國人徹底擺脫了嚴寒，降低了風寒病及相關疾病的發生率。

同時，鄉村人口遷移，也是英國城市人口及工業勞動力增加的重要因素。

所以，在工業時代早期，英國、美國、中國、德國、日本憑藉人口的規模經濟，迎來大規模的量化成長，創造了早期工業文明。

但是，規模經濟並不會一直持續。

假如，一塊地上，投入 1 萬個勞動力，結果會怎樣？

生產量可能不會增加，但邊際收益率和人均產值會大幅度下降。這樣就沒有規模經濟了。

那麼，投入多少勞動力產值最大？

當邊際成本等於平均成本時，規模經濟達到臨界點。再往裡面增加一個勞動力，意味著邊際成本大於平均成本，也就是勞動力增加得越多，平均成本越會上升，人均產值越會下降。

所以，當規模經濟達到臨界點之前，會有大量的市場需求以及大量的生產要素（土地和資本），不斷往其中投入勞動力，經濟產值就會大幅度增加。

正如美國西部運動時期，廣袤的西部土地遼闊、資源豐富，大量新移民加入西部開發，觸發了規模經濟。

過去四十年中國製造業亦如此，全球市場需求龐大，中國勞動力富餘，引進西方現成的流水線及技術，不斷往流水線及製造產業中投入勞動力，觸發了中國製造的規模經濟。

當越過規模經濟臨界點後，勞動力投入便遵循邊際收益遞減規律。

中國製造業正不斷逼近規模經濟臨界點。勞動力的邊際成本大於平均成本，製造業成本上升，收益率下降，產能過剩，更多的勞動力不願意加入製造產業。

該如何突破？

## 02　人力資本：效率型成長

西元 1800 年，一個典型的美國白人婦女通常會生育 7 次，但是 1900 年的平均水準降到了 3.5 次，如今這個數字下降到 1.8 次以下。

但是，這一下降過程並非盲目的，而是「精於計算」的。

當製造業越過規模經濟臨界點時，人們會降低生育意願，然後將更多的時間和精力，投入自我學習以及對孩子的教育。

當然，從生育養育，到培養成為一個合格的勞動力，是

一個十幾二十年的長週期。人們未必完全按照理性預期選擇生育，但大體上遵循有限的理性行事。

所以，低生育、人口高齡化，是經濟成長的必然結果。

我們先從家庭角度來思考這個問題。

當製造業越過了規模經濟臨界點，假如你是父母，會怎麼選擇：多生育，還是少生育？生五個工人，還是只生一個孩子，將其培養成為一名工程師（或知識工作者）？

在製造業的規模經濟期，大多數人會選擇多生育工人，如此可以獲得更多的回報。但當製造業進入規模經濟退化期時，更多家庭願意少生孩子，一方面是將更多的時間和精力用於提升自我，另一方面是將更多時間和金錢用於單個孩子的教育──希望培養其成為工程師、設計師或知識工作者。

生育選擇從多生轉向少生優生優育，從而推動職業競爭力提升和家庭收益增加，進而推動國家人力資本及技術水準的進步。

所謂「一葉知秋」，從這一局部的變化中我們可以洞察到經濟轉型的軌跡以及突破高齡化困局的力量。

這一軌跡便是：量化成長（製造業）遭遇規模經濟衰退，家庭選擇少生優生，培養技術型、知識型人才，從而推動經濟技術更新及經濟結構轉型。

家庭生育的意願及邊際效用改變人口結構（高齡化）及人口品質（人力資本）。從人口紅利到人力資本紅利，意味著經濟成長的技術水準發生改變，從而打破了規模報酬遞減困境，經濟從量化成長向效率型成長轉變。

量化成長有一個前提條件，即技術水準保持不變。在這個前提之下，隨著勞動力的投入，經濟定然會出現邊際報酬遞減，也就是規模經濟衰退、成長低迷。

而優生優育，提升了人口素養、知識及技術水準，改變了量化成長的前提條件，經濟突破了邊際報酬遞減，重新恢復到了規模遞增的狀態。

這一過程被經濟學家熊彼得定義為「創造性破壞」。經濟成長遵循熊彼得創新週期理論，當邊際報酬遞減時，一部分家庭提升孩子的知識文化水準，一部分企業家提升工人的技術水準，最終依靠新知識、新技術實現突破。

高齡化其實在強迫人口疊代，培養更高技術及更多知識的人才，創造更高的邊際收益率，以養活更多的老人。

## 03　未富先老：制度性成本

家庭從生育五個工人，到培養一個工程師，從這個局部的角度可以看見經濟轉型更新的內在邏輯。

美國經濟學家索洛（Robert Solow）在1956年提出著名

的「索洛模型」，他用勞動力與資本之間的替代性來解釋這一轉型。

按照索洛模型，勞動力的減少會對經濟產出產生直接影響，影響的程度取決於生產函數中資本與勞動力之間替代率的大小。

比如，一家工廠因薪資水準上漲而減少僱傭人數，企業家可能會改進機器裝置（資本）來提升生產效率，以應對勞動力不足及高薪資壓力。

又如，當製造業進入規模經濟衰退期，家庭可能會選擇少生育（勞動力），而多花金錢和精力將孩子培養成為「人才」（人力資本）。

索洛對經濟成長模型的分析還發現，在勞動、資本之外，還有「索洛殘差」，即技術之於經濟成長的價值。索洛認為，87.5％的經濟成長，都與技術，即「總要素生產力」（TFP）有關。

但可惜的是，索洛堅持古典主義技術外生的觀點，沒有從資本和勞動中找到技術進步的內生因素。

經濟學大師阿羅認為，索洛將大部分的成長歸因於外生的不確定性的技術，這顯然是難以令人信服的。阿羅提出「做中學」理論，強調技術的累積性。經濟學家舒茲（Theodore W. Schultz）則開創了人力資本理論，強調內在的人力

資本對經濟成長的作用。

到了1980年代，保羅‧羅莫（Paul Romer）在阿羅的基礎上論證了技術的內生性，開創了內生成長理論；小羅伯特‧盧卡斯（Robert Lucas Jr.）在舒茲的基礎上，提出了盧卡斯模型，也就是專業化人力資本累積成長模式。

盧卡斯和羅莫，實際上從勞動力和資本中內生出科技、知識與人力資本，從而解釋了經濟成長的根本動力以及延續性。

新技術內生於勞動力和資本，這一點不難理解。

家庭強化對小孩的教育，讓孩子讀大學，成為一名機械工程師。工廠則擴大資本投入，引進機械工程師，改進技術，使用新工藝，提升了勞動生產率。

假如一條流水線上投入50個工人，便能達到最佳產能。若再往其中加入工人，則會出現邊際報酬遞減，人均產值下降。這時，如果加入1名機械工程師而不是普通工人，這名工程師改進了流水線工法，大大提升了生產效率，那麼這條流水線又湧現了規模經濟。

這就是技術改變邊際報酬遞減規律的邏輯。

但是，從人口紅利到人力資本，從量化成長到效率型成長，並不是理所當然的。

這一轉型更新是一個艱難的歷史性跨越。二戰之後，絕

大多數國家無法完成這一跨越,而轉入「人口負債」,被低生育、高齡化、低成長拖累。

上文我們將生育視為一種市場行為,這一市場行為有一個前提,那就是交易成本很低,甚至趨於零。

換言之,個人選擇生育多少子女,完全取決於自由選擇。個人獲取教育的機會是平等的,且公共教育資源是充足的。人才自由流通,企業引進人才的交易成本很低。

但是,現實經濟中,市場的交易成本,尤其是制度成本極高。

受生育政策的限制,人口生育並非完全按照市場原則進行自由選擇,這導致一國的年齡結構及教育結構曲線並非平滑的,往往是非連續性的、陡峭的。

可能某個年齡層適齡勞動力很多,而下一個年齡層則出現斷層。這就容易破壞市場的正常預期及選擇,導致勞動力和人才與經濟轉型更新有所落差。

當經濟完成量化成長、進入規模經濟衰退時,往往需要改革制度,擴大對公共財的投入,提供更多的教育資源,以幫助家庭、企業提升教育水準,培養人力資本。

但是,很多國家在經濟完成量化成長的累積後,便失去了改革制度的動力,然後陷入存量競爭的困境。

如此,轉嫁給民眾的成本極高,如住房、醫療及教育資

源不足且不均衡,很多家庭無法享有公平的教育機會,低收入家庭缺乏醫療和住房保障,降低了孩子的教育水準。

最危險的結果是,一個國家既失去了人口紅利的優勢,又不具備人力資本、技術創新的優勢,陷入低生育、高齡化、低成長的「未富先老」的泥淖。

若公共教育建設不足,尤其是基礎科學教育嚴重缺失,企業無法在國內找到傑出的技術人才及管理人才,打破技術瓶頸。並且由於人才的國際流通受限,因此企業僱傭人才的交易成本極高,無法提升技術水準,將邊際收益曲線右移。

大多數中等收入國家陷入「中等所得陷阱」,都會遇到這個共同的問題。本質上,低生育陷阱、高齡化陷阱、低成長陷阱與中等所得陷阱,都是制度陷阱。

保羅・羅莫認為,政府的干預是有必要的。不過,羅莫的理由是知識的溢位效應和專利的壟斷性。

他認為,知識外溢導致私人成本大於社會成本,私人不願意在知識和技術創新上投入太多。因此,政府可以透過向研究者、中間產品的購買者、最終產品的生產者提供補貼政策以提升經濟成長率和社會福利水準。

現實中,打破公共財的壟斷,尤其是教育資源的壟斷,比專利壟斷和知識外溢更為迫切。

有學者說,經濟學有一個缺角,那就是自由競爭缺少合

約（制度）的約束。其實，不管是破壞自由競爭的私人壟斷勢力，還是交易成本極高的公共權力，都需要合約的約束。

只有降低制度成本，提供更多的醫療、教育及住房等，尤其是在公共教育、基礎科學方面投入更多的資源，才能保障家庭在生育、教育方面遵循市場原則，做到優生優育，培養人力資本，應對高齡化的困境。

# 延遲退休：高齡化的必然？

高齡化時代，延遲退休是必選項嗎？如果這代年輕人同時遭遇人工智慧（如 ChatGPT）替代衝擊和延遲退休，會是一種什麼樣的感受？

本節以延遲退休為切入點分析高齡化問題。

## 01　社會保險靠青年餵養

越來越多的年輕人繳納更多的稅收和保費供養退休老人。

然而，當人口高齡化加速，退休老人增加，生育率下滑，年輕勞動力減少，人口紅利衰退，社會保險基金少進多出、此消彼長，將面臨越來越嚴重的兌付風險。

當前延遲退休的迫切形勢，主要來自與日俱增的財政壓力和社會保險兌付壓力。

一是與日俱增的財政壓力倒推延遲退休。

二是人口紅利逐漸消失放大了社會保險金兌付風險。

隨著高齡化加速，退休人口增加，勞動人口減少，社會保險金「現收現付制」難以為繼。

從深度高齡化到超高齡化，德國這一過程持續了 36

年，日本用了 12 年，中國預計 9 年。從當前的形勢來看，依靠人口紅利餵養的社會保險基金在人口高齡化加速時期將面臨越來越大的兌付壓力。怎麼辦？

於是，延遲退休成為典型的「多收少拿」策略，一方面讓年輕勞動者增加繳費，另一方面將兌付延後數年。因此，延遲退休成為各國政府緩解財政支出和社會保險基金兌付壓力的必選工具。綜觀世界各國的處理方式，延遲退休是緩解養老金危機的共同做法，符合人口高齡化、人均壽命延長的趨勢。美國、日本、德國等不少國家均採取了延遲退休政策。

其實，延遲退休不過是將兌付危機推遲。

## 02　延遲退休引發公平性爭議

有人說「找工作 40 歲嫌老，退休 70 歲嫌早」。

道出了延遲退休可能帶來不少需要我們關注的民生問題。比如，五六十歲的人還能否就業？如果 65 歲退休，60 歲失業，還有 5 年生活如何保障？

所以，不能簡單地用「大勢所趨」、「勢在必行」來強行解釋延遲退休的合理性，背後有很多民生問題值得我們關注和思考。

## 延遲退休：高齡化的必然？

綜觀各國的法定退休年齡，法國 60 歲，實際退休年齡 59.4 歲；德國 65 歲，實際退休年齡 62 歲；英國男性 65 歲，女性 60 歲，實際退休年齡 62.6 歲；中國男性 60 歲，女性 55～50 歲，較先進國家來得低。

但是，單純延遲退休並不能解決問題。延遲退休需要考慮很多因素，比如人均壽命、薪資水準、社會保險水準、老年人的健康狀況和就業狀況等等。

對於個人來說，延遲退休帶來的競爭就是比命長。當前，德國人均預期壽命 81 歲，據此推算德國老年人在 62 歲退休後人均可以領取 19 年的社會保險基金。中國男性人均壽命為 75.8 歲，據此推算 60 歲退休的男性老年人平均領取 15.8 年的社會保險基金。如果退休延遲，那麼領取社會保險基金的時間還將壓縮。這樣一算，你覺得還需要延遲退休嗎？

再以日本為例。日本人均預期壽命為 83.1 歲，是全球最長壽國家。而日本的法定退休年齡經過幾次調整已延長至 70 歲。據此推算日本老年人在 70 歲退休後只能領取 13.1 年的社會保險基金。

不過，我們需要綜合考慮老年人的儲蓄、收入、健康及就業狀況。在日本，60 多歲的老人依然保持較好的健康狀況和就業條件。經濟合作暨發展組織資料顯示，日本和韓國

65～69歲的老人就業率均接近50%。[04]

日本服務業發達，超過60歲的老人還能從事服務業工作；同時，日本老年人的儲蓄率高於歐美國家或地區，失業老年人具有較強的抗風險能力。但是，即便如此，日本老年人犯罪率依然很高。日本法務省的資料顯示，2020年，日本22%的犯罪嫌疑人，都是65歲以上老人，其中超過70%的老年人犯罪屬於輕度盜竊罪。原因可能是日本老年人更多從事保全、保潔等盜竊發生機率更高的服務業工作；薪資收入下降，盜竊動機增加。

中國不少大齡工人進入55歲後便處於隱性失業狀態。與日本和歐美國家或地區不同，中國大量的勞動力從事農業、製造業、建築業和礦業。這些產業對勞動者身體消耗很大，加上工作時間長、勞動力保護較弱，很多55歲以上的工人因體力下降而無法勝任高強度的工作。

未到退休年齡便退居家庭的大齡勞工，幫助兒女照顧小孩。其間，他們沒有薪資收入，也不能領退休金，只能依靠兒女提供經濟支持。他們多數不願增加兒女負擔，縮衣節食，生活清貧。

延遲退休雖然並不是硬性規定，但也會產生諸多公平性

---

[04] 全球多國高齡化加劇：高速增長的「高齡就業」[EB/OL]。（2022-09-23）[2023-02-10]。http://www.ce.cn/xwzx/gnsz/gdxw/202209/23/t20220923_38122327.shtml。

問題,如壽命、工種、體制等的差異,延遲退休可能加劇結構性問題和社會不公平。

以男女平均壽命來說,女性的平均壽命較男性長,退休後領取養老金的平均時間也會比男性更長。另外,城鄉差距可能造成平均壽命的不均等,領取養老金的時間也會有所差異。

最後,延遲退休事關勞動者,尤其是青年勞動者的切身利益,需要考慮他們的接受程度而逐步推進。政府最難平衡的就是年輕勞動者和退休老人之間的代際公平問題。在任何國家,政府推行延遲退休政策,工會、工人和年輕人都會質疑和反對:憑什麼「犧牲」我們?如果對年輕人的利益傷害太大,他們繳納社會保險的積極性就會下降。

他們同樣擔心失業問題。當前勞動力市場面臨的問題主要有兩個:一是勞動人口下降,二是失業威脅。

## 03　有比延遲退休更好的辦法

延遲退休在任何國家都是一項具有挑戰性的工作,國際上通行的做法是漸進式延遲法定退休年齡。所謂漸進式延遲退休,就是「小步慢走」策略,每年將退休時間推遲幾個月,經過一段相當長的時間,最終達到新制定的法定退休年齡。漸進式延遲法定退休年齡的好處是降低對不同年齡層勞

動者的衝擊。

在中國，延遲法定退休年齡需要考慮更多結構性的問題，平衡不同族群的利益。若僅延遲法定退休年齡，無法真正解決問題。

解決社會保險基金危機，中國政府需要深化改革。

一是調動大規模國有資產充實社會保險基金帳戶。

社會保險基金的「歷史欠帳」主要來自國有企業和行政機構，如今收益豐厚的國有企業拿出利潤或資產來充實社會保險基金屬於應盡之責。

根據中國相關機構提供的數據，截止到 2021 年 1 月，各單位提撥的款項總共為 1.68 兆人民幣。近幾年中國國營企業利潤上繳的比例有所增加，不過整體來說，目前力道仍稍嫌不足。

二是加大行政機構改革力度，精減財政。

三是加強對社會保險基金制度改革，縮小不同族群間的養老基金差距。

四是完善財政系統和金融系統。推動財政支出從基礎建設投資全面轉向生育、教育、住房、醫療、就業等社會福利建設，而財政收入逐步轉向企業所得稅、房地產稅；推動銀行市場化和利率市場化，降低房貸利率（尤其是存量房利率）和企業貸款利率，最終降低家庭負擔、削減家庭債務、

# 延遲退休：高齡化的必然？

增加家庭收入，從根本上解決養老問題。

養老成為全球不少國家的難題，而延遲退休和印錢借債是最多國家採取的應對方式，前者對生命增加槓桿，後者對經濟增加槓桿。

在高齡化時代，生育和延遲退休，似乎成為「二選一」問題。不生育，就延遲退休。而印錢借債則是試圖製造更大的泡沫蓋住之前的泡沫，但可能誘發更大的危機。

目前，社會保險這個公共財因缺乏價格機制而效率不足，已淪為全球各國的「公地悲劇」。人人都試圖早退休、少繳納，比命長、多領錢，延遲退休將觸發「搭便車」的心態。社會保險市場化是一種有效的解決辦法。只有在自由市場中，公共財轉變為市場產品，社會保險才能脫離「公地悲劇」、產生效率。

# 教育經濟學：
# 知識資本與人力資本的邏輯

　　一場又一場的排名考試，一張又一張的試卷作業，孩子的童年，為何會連結成人的焦慮？

　　父母為兒童的成長感到寬慰，卻又不可避免陷入焦慮。

　　現代社會的教育要守好作為公共財的原則，個體的成長才能更契合教育的本心。

　　愛因斯坦（Albert Einstein）有言，教育就是你離開學校、忘掉老師所教的之後，仍留在你身上的那些東西。

## 何謂大學？

何謂大學？

本節從經濟學的角度探索大學之道、思想之本以及進步之源。

### 01　大學：人類思想市場的高地

大學，是個歷史悠久且富有效率的組織。

儘管最早的大學，如牛津、劍橋等，其使命與今日大學有所不同，但大學作為人類思想市場的高地，一直扮演著極其重要的角色。

如教育人士所言，學校的榮譽，不在它的校舍和人數，而在於它一代又一代人的品質。大師培養人才，大學的使命就這麼簡單。

但又有人會問：「我們的學校為何出不了大師？」

這就麻煩了。有人說是大學教授的問題：教授不說真話，只人云亦云，諂媚之風鼎盛；抑或沉默、沉默、沉默。教授不求真知，只堆積流水線式的論文。

學者，往往是一個社會的道德榜樣。

因為學者的任務就是說真話、傳真知、尋真理。如果學

者失「真」，整個社會的道德天花板則坍塌。

為什麼要對學者、教授如此苛責？

如果把大學當作思想市場，問題就變得清晰了——求真是學者在市場分工中的基本職責。一個教授不講真話、傳真知、尋真理，就像一個麵包師製作劣質的麵包一樣。

大學是人類思想市場的殿堂。大學出不了大師，教授不探索真理，就很難供應高品質的思想產品，自然就生產不出高品質的人才。高品質的思想產品其實就是「求真」——思考的邏輯、科學的規律、法律的正義等。劣質的大學，等同於劣質的思想市場。劣質的思想市場，充斥著歪理邪說與諂媚謊言。

換個角度看，大學的問題也是思想市場的問題。

寇斯是「思想市場」概念的提出者。他認為，思想市場涵蓋演說、寫作及宗教信仰活動。1973年，美國經濟學會舉行了一次專題討論：「第一修正案的經濟學。」言論，在經濟學中怎麼界定，是不是一種市場？對此，寇斯寫了一篇非常著名的文章，叫〈商品市場和思想市場〉。

他指出美國社會存在的一個悖論：知識界、新聞界、學術界認為思想應該是高度自由的，而商品市場卻應該加以管制。

寇斯以廣告為例，認為廣告作為商品市場，受到各國的

管制,但廣告同時也是言論自由,應該保持高度自由。當今最出名的凱因斯主義者史迪格里茲(Joseph Stiglitz),發表過一篇著名的文章支持言論自由,但其一生的學術成果都主張干預主義。[05]

寇斯的結論是,思想市場與商品市場沒什麼不一樣,應該一視同仁。

他認為思想市場應該與商品市場一樣有效率,否則,就會阻礙技術進步。

有人可能會提出質疑:發達的思想市場就一定能出大師,能促進技術進步嗎?教授們會不會更加依附利益,把研究事業當成逐利生意?

其實,任何市場本身都是逐利的,思想市場也是如此,只是這個「利」,不強調經濟利益,思想市場的主體必須忠於自我,為了「利我」才有動力實現自我進步、實現自我價值,最終的結果是這個市場普遍在探索真理、淘汰愚昧和落後認知上競爭,從而間接性「利他」,即「利公」。因此,再次強調,本書所提到的「自利」並非慣有認知與我們推崇的道德對立的「自利」,甚至它與道德並不矛盾。比如,一個大學教授為發現真知的價值感而創立了科學理論,這種自私是對社會有益的。哥倫比亞大學的一名教授在為學生上課時

---

[05] 指經濟學家 Joseph Stiglitz 1999 年 1 月 27 日在英國牛津大學做的報告—〈自由、知情權和公共話語—透明化在公共生活中的作用〉。

強調:「每個人接受大學教育的目的就是自私的。你的使命就是要建立自我。」

在這樣的社會中,有人可能會追逐名聲,有人可能會依附利益,但只要教授們都為自利而教書、做研究,那麼定然會導向思想市場創造真知。

為什麼?

因為市場充分競爭決定了社會需要真知。企業需要掌握科學知識的學生,法院需要掌握法學知識的學生,設計院需要掌握設計技能與美學知識的學生,社會與家庭需要具備人文素養的學生。相反的,無法傳授真知、培養人才的大學會被社會淘汰。

這會不會引導大學從事目的性的、應用性的研究?

哲學家尼采(Friedrich Nietzsche)將目的性大學蔑稱——「一個可供使喚的侍女」,「一個有智識的女僕,生計、收益、需求方面的女管家」。他認為,「唯有在一個超越於這個窘迫、必需、生存鬥爭世界的大氣層裡,教育才開始」。

尼采對教育功利主義的批評,在非自由的社會裡是對的。在那種環境下,目的性的大學與學者會淪為權力的奴僕。但是,在自由的社會中,大學的功利與真正的教育並不矛盾。大學,未必是功利主義的,但必須追求效率(效果)。

這與思想市場的分工水準有關。基礎研究是思想市場的上游領域，市場分工越精細，基礎性研究越深入。根據亞當斯密的分工理論，市場分工由市場規模決定。自由市場越龐大，思想市場規模就越大，思想分工就越精細，基礎性研究就越發達。

在矽谷這樣的頂級科技市場，思想市場分工極其精細化，因此出現了許多傑出的基礎研究成果。反過來，優秀的基礎研究成果的湧現又促進了科技市場的發展。相鄰的史丹佛大學為其輸送人才，也受益於最前端的市場。應用性研究與基礎性研究相互促進，目的性的研究與學術性研究相得益彰。

真正的科學家會說，其從事研究，與經濟利益無關，只是為了探索自然、追求真知。有位教授曾說：發展像數學這樣的基礎科學，目的並非直接為經濟和技術服務。科學家研究電磁學，是因為不了解電和磁的關係，而發現量子力學，是因為對光到底是粒子還是波產生了疑問。

這位教授說的是對的，這說明思想市場分工到了一定的程度，市場的價值回饋健全，科學家只需要基於價值感投入基礎性研究，即可獲得最大的預期效用。科學家純粹地探索真知，但完全不影響其應用性。

所以，在自由的社會中，「求真」是大學與教授唯一的

生存法則。只有自由的思想市場,才能讓大學研究的應用性與基礎性、大學教授的道德性與經濟性調整到同一個頻道中——說真話、傳真知、尋真理。

大學,欲出大師,欲出真知,必須發展自由社會,擴大思想市場。

## 02 思想:人類文明延續的產品

正如寇斯在〈商品市場和思想市場〉(*The Market for Goods and the Market for Ideas*)所分析的:思想市場是知識分子從事經營的市場,他們會誇大自己職業的重要性和道德的高尚性。知識分子自認投身於真理事業,而生意人僅僅是謀生或追逐利潤而已。思想市場是自認為高尚人士從事的活動,應該保留足夠的自由;而商品活動被認為是等而下之,充斥著各種偽裝仿冒、敲詐和卑鄙的利益訴求,因此需要受到管制。

筆者並不支持管制或干預,但必須建立市場制度。如何界定制度約束與干預的邊界?看其公共決策方式。如果制度是由「全體一致原則」確定的,則不屬於干預。

其實,只要遵循言論制度的公共決策的「全體一致原則」,無論言論邊界多寬或多窄,都是最有效率的。如果全體一致同意禁止言論自由,思想市場還有效率嗎?定然沒有

效率,但當所有人利益受損時,他們便會調整過來。換言之,「全體一致原則」的本質是在自由、平等的公共決策中,在大眾的政治賽局與政治交換中形成最佳的市場制度。

經濟學家相信,在有效制度的思想市場中,雖謊言、謠言、謬誤與似是而非的「真理」橫行,但真話終將戰勝謊言與謠言,真理終將戰勝謬誤與似是而非的「真理」。

但是,現實中,即便在美國,有些錯誤言論也獲得知識界的支持,占據著主流思想市場。這是為什麼?

我們需要對思想市場保持足夠的謹慎,因為思想市場並不夠健全。自由市場有三大要素:產權、價格與競爭。與商品市場、金融市場相比,思想市場的這三大要素都存在一定的缺陷。如果制度不完善,思想市場將不可避免地被謊言、謠言、謬誤與似是而非的「真理」淹沒。

先看產權。

思想是無形產品,商品是有形產品,思想在產權的界定上要比商品困難得多。比如,我說「深秋天涼」,或「制度是私人契約的公共化」,這兩句話是否可以形成產權?它是否歸我所有?是否具有排他性?

在農耕時代,有人認為上帝掌握著真理,壟斷了智慧財產權;世俗的政府也認為,菁英階層對知識的創作、傳播及解釋享有壟斷權。古代壟斷性的智慧財產權制度,導致了千

年經濟增速的停滯。

智慧財產權不應該被特權階級或菁英壟斷。因為知識具有延續性,即便是菁英(科學家)創造的知識也是站在他人的肩膀上的。我們每個人都是知識的創造者,並客觀上促進了知識創新。

智慧財產權的延續性導致智慧財產權的不完全排他性。

比如,我修建一棟房子,土地是自己購買的,房子是自己出錢建的,土地和房子的產權就是具有排他性的。這棟房子,無論是我自己設計的還是設計公司設計的,它的設計專利,不具有完全排他性。因為設計是在前人的基礎上累積形成的創新性知識,儘管我不知道這個「前人」具體指的是誰。這就是智慧財產權與有形產權在權利界定上的差異。

如果沒有一套有效的制度,智慧財產權的不完全排他性將導致思想市場毫無效率。有些經濟學家認為,智慧財產權是一種壟斷權,阻礙了經濟效率;認為知識是「無主的」、共有的、免費的。

這種主張將鼓勵抄襲、扼殺創新。在如今的大學,論文抄襲事件屢見不鮮。法與經濟學家威廉·蘭德斯(William Landes)與理察·波斯納(Richard A. Posner)在其合著的《智慧財產權法律的經濟結構》(*The Economic Structure of Intellectual Property Law*)中做了成本——收益的解釋:智慧財

產權的反對者忽略了經濟學最基本的原則——「天下沒有白吃的午餐」。中世紀歐洲大陸大量荒蕪的土地也是「無主的」，要獲得這些土地的所有權，必須付出相當的成本——建立防禦工事與灌溉設施。知識原本是無主的，但是牛頓（科學家）、史丹佛大學、吉利德科學公司等付出了巨大的成本才得以獲取。所以，知識是有主的、有產權的，只是其產權具有不完全排他性。

科學的解決辦法是制定智慧財產權法。英國最早制定《獨占條例》，即第一個專利法。此後，人類形成了相對完善的智慧財產權法律體系。這是一項偉大的制度發明，現代智慧財產權法主張了知識的非完全排他性，比如有些知識不授予產權、區分專利與著作權的權益、設定專利年限等等。智慧財產權法既保護了大眾的知識創造，也鼓勵了菁英的知識創新。制定有效的智慧財產權法以解決智慧財產權的不完全排他性，思想市場才有效率。

所以，思想是人類文明得以延續的產品。知識的延續性支持了思想市場的自由，打破了知識壟斷的各種謊言。想要有偉大的發明與傑出的創新，就必須保持足夠的思想市場的開放與自由，讓更多人參與知識創造，才能累積、延續、激發更多的創新。

再看價格。

知識的延續性，往前追溯是外部性。如果我們繼承前人的知識都是透過交易完成的，也就是付出了應有的成本的，那麼智慧財產權是具有完全排他性的。但是，知識有外部性，知識創新不可避免地免費汲取了前人、他人的知識。

知識的外部性，表現為邊際成本趨於零，導致價格機制的不完全性。真正有價值的知識，如專利、著作，是可以獲得價格機制的獎勵的。但是，教授、學者創造的大量學術文章有時很久之後才被挖掘其價值。到底是這些文章缺乏價值，還是知識的外部性所致？

有些論文有很高的引用量，說明其有學術價值，但該論文並未形成價格。這說明知識的外部性破壞了思想市場的價格。有人提出，因論文成名的學者可以透過演講獲利。這其實是另一回事，演講是論文的副產品，也需要投入成本。對學者來說，演講的機會成本不低，但會導致學術文章「媒體化」、學者「商業化」。這樣的學術功利主義便會產生危害性。

解決辦法還是要回到學術研究的價格機制上。一般作為公共財使政府支持基礎研究。但是，如果監督與考核不力，教授容易淪為「老闆」，靠國家學術基金獲利，導致學術腐敗橫行。還有一種辦法是透過建立社會基金與社會榮譽來彌補價格機制缺陷。比如，校友、企業給大學捐助大量財物建

立各項研究基金支持科學家安心做研究。更重要的是，社會尊重知識，學界崇拜大師，學者可以獲得超越經濟利益的學術價值感。

完善了產權制度、修復了價格機制，思想市場才能充分競爭。

## 03　勇氣：人類社會突破的品格

競爭，是自由市場的基本原則。通常認為，劣質的思想會像劣質的麵包一樣被競爭所淘汰。但其實，錯誤的知識和落後的制度具有相當的頑固性。即便在自由的思想市場中，思想革新也並不像產品創新一樣立竿見影，它具有社會演化性。

為什麼？

與商品市場不同的是，思想市場的競爭，是競爭人的心智空間，本質上是試圖控制人的行為選擇。雖然海耶克的主觀主義不支持這一觀點，但是思想市場對人的控制遠甚於商品市場。

比如，汽車市場在價格、品質、安全性等方面進行競爭，這些競爭因素並不會控制人的行為選擇。當然，廠商也試圖控制人的心智，渴望強化某種令人深信不疑的品牌主張，如電動車環保、特斯拉的科技感。但是，思想市場是直

接在心智層面控制人的行為選擇。

商品市場的懲罰機制會讓人趨於理性,而思想市場控制了人的思想,其懲罰機制未必有效。一個人一旦信仰了某種錯誤的思想,如恐怖主義,其行為選擇將受到思想控制,未必會迷途知返,最終可能付出生命的代價。通常,自由競爭推動邊際遞減曲線右移,但思想市場的競爭可能導致邊際遞減曲線左移。

所以,思想市場的調節機制未必靈敏。追根究柢,思想市場能否展現效率,關鍵看大多數人相信什麼。

如何確保人類相信真理?

大學的問題,說到底是這個社會的人到底是相信真理,還是相信謬誤,抑或相信那些似是而非的「真理」。

當結果平等深入人心時,以結果平等為目標的福利主義便會製造經濟蕭條與債務危機。當干預主義占領思想市場時,所有人都試圖搭著公共財的便車走上繁榮之路,結果卻通往奴役之路。

那麼,人的觀念是怎樣形成的?

觀念或許源自個人的意志。什麼樣的意志造就什麼樣的品格,什麼樣的品格造就什麼樣的觀念。堅強的個人意志造就獨立、個性、自信與勇敢的品格,進而形成獨立自強、自由競爭、私有權利的觀念。相反的,脆弱的個人意志造就畏

懼、自卑、卸責與機會主義的品格，進而形成組隊取暖、依賴群體、崇拜強者的觀念。

美國經濟學家曼瑟爾・奧爾森（Mancur Olson）在《集體行動的邏輯》（The Logic of Collective Action）中解釋了個人意志與集體行動之間的關係。在遠古時期，個人不具備獨立的生存能力，每個人必須依附於集體行動才能生存。但是，集體行動容易產生「搭便車」問題。集體規模越龐大，「搭便車」行為越嚴重，集體行動的效率就越低，集體行動也越來越困難（三個和尚沒水喝）。

集體行動難以為繼，該怎麼辦？

奧爾森認為創造兩個條件集體行動可以持續：一是集體成員的「不對稱」；二是「選擇性激勵」的存在。這兩個條件讓組織者獲得超額收益（超過集體的平均收益），推動集體行動前進。

組織者的超額收益到底是多少？

如果透過協商來確定，則存在協商成本；集體規模越大，協商成本越高。況且，如果沒有超額收益，沒有人會扮演協商發起者的角色。這時，延續集體行動最可能的方案是領袖的湧現。

領袖可能是推舉出來的，也可能是自告奮勇的，但更可能是「較量」出來的，這與個人依附集體有關。

個人意志其實源於經濟基礎，經濟實力越強，個人意志越強。但是，進入近代社會，具備獨立經濟能力的個人，依然傾向於集體生存。

從經濟學的角度分析，「搭便車」驅使所有人在群體中產生一致的預期：「付出在平均之下，獲得在平均之上。」

根據心理學研究，人在群體中迫於壓力，傾向於服從集體、隨波逐流，容易喪失獨立性和個性。一個人如果陷入正在唱歌喊口號的隊伍中也容易被迫加入其中跟著律動。這就是一種從眾心態。

另外，人在群體中會產生一種風險幻覺：天塌下來有高個子頂著。

這種風險幻覺猶如「藉酒壯膽」，身處其中的人會產生莫名其妙的安全感，對自身風險麻木，盲目相信群眾力量，誘發不理性行為。所以，在個人意志脆弱的國家，其集體意志、民族戰力卻極為驚人與瘋狂。

這時，人們就渴望大學教授、學者能夠鼓起勇氣說真話、求真知、尋真理。但這何嘗不是另一種強人寄託，另一種「搭便車」？

脆弱的個人意志也會催生思想「強人」。他們可能是沽名釣譽的精神騙子，也可能是戈培爾（Joseph Goebbels）式的政治喉舌，還可能是野心家。

瑪贊・莎塔碧（Marjane Satrapi），一位出生於伊朗的作家，她在《茉莉人生》（*Persepolis*）中記錄了伊朗人在伊斯蘭革命時的選擇。裡面有一句話很經典：「自由是有風險的，人需要教育自己。」

當經濟危機爆發時，很多人深感恐懼，於是機會主義者乘機順勢消磨人的意志以及獨立承擔責任的勇氣。他們利用信用貨幣的財政赤字化制度漏洞，以拯救者的身分鼓吹干預主義，獲取更多的政治選票，以及占領思想市場。這種主張及行為其實縱容了人性中的貪婪、懦弱與卸責──可謂殺人誅心之惡。

只有整個社會的個人意志趨於堅強，造就更加獨立、自信、勇敢、個性、開放、外向的品格，才能形成獨立自強、勇於冒險、勇於承擔、自由競爭、保護私權、開放合作的觀念。

只有個體具備勇敢的品格，才能捍衛正義，才能堅守底線，才能催生學者獨立之精神、自由之思想，支撐大學百花齊放、百家爭鳴。

## 參考文獻

[1] [德] 弗里德里希‧尼采。教育何為？[M]。周國平，譯。北京：北京十月文藝出版社，2019。

[2] [英] 約翰‧米爾頓。論出版自由 [M]。吳之椿，譯。北京：商務印書館，1958。

[3] [美] 威廉‧M. 蘭德斯，[美] 理察‧A. 波斯納。智慧財產權法律的經濟結構 [M]。金海軍，譯。北京：北京大學出版社，2005。

[4] [美] 曼瑟爾‧奧爾森。集體行動的邏輯 [M]。陳郁、郭宇峰、李崇新，譯。北京：生活‧讀書‧新知三聯書店，1995。

## 如何創新？

曾經有幾名學者在一篇論文中，提到了一個頗具爭議性的觀點，「重視理工科教育，東南亞國家掉入中等所得陷阱原因之一是文組生太多」[06]，引發熱議。

東南亞國家掉入中等所得陷阱，這麼大個帽子扣在文組生頭上，被人解讀為「文組生誤國」。其實，這幾位學者想表達的或許是文、理組的結構性問題。

國家掉入中等所得陷阱，是文組生太多，還是理組生能力不足？

本節從經濟學角度分析「中等所得陷阱」。

### 01　文組誤國論掩蓋創新病症

從「學好數理，行遍天下」，到「科學技術是最佳生產力」，彰顯著理組科系的重要性。

如今，在人口老化的情況之下，對技術創新的渴求愈加強烈，理組熱潮再入高潮。於是，類似於「東南亞文組生太多導致國家掉入中等所得陷阱」的說法也贏得了一些人認可，但筆者不認可文組誤國論，讓我們回到問題的本質，是

---

[06]　陳浩、徐瑞慧、唐滔，等。關於中國人口轉型的認識和應對之策[D]。北京：中國人民銀行工作論文，2021。

什麼阻礙了技術創新？

首先來看這些國家陷入的發展困境：中等所得陷阱。它不是一個嚴謹的學術概念，而是一種經濟現象：當一個國家進入中等及中高收入（人均國內生產毛額在976美元到11,905美元之間）時，經濟長期停滯或反覆波動，未能進入高收入國家行列。

典型的國家有拉丁美洲的墨西哥、阿根廷、巴西，以及東南亞的馬來西亞、菲律賓、泰國。比如，阿根廷在1964年的人均國內生產毛額（GDP）就超過1,000美元，之後經濟持續快速成長。但是，從1982年拉丁美洲債務危機開始，阿根廷反覆爆發債務危機，經濟成長起伏不定。1989年和2002年兩次債務危機再次將阿根廷的GDP拉低到2,600美元以下。二戰以來，只有日本、韓國、新加坡、以色列等極少數國家拿到了先進國家的門票。多數國家只能在中等收入階段徘徊與掙扎。這是為什麼？

通常認為有兩個原因：

一是低階製造業向高階製造業轉型失敗，技術創新不足的同時，高齡化、少子化又導致人口紅利衰退。

CEIC資料顯示，2003年的研發費用占GDP的比重，阿根廷為0.41%，馬來西亞為0.69%，韓國高達2.64%。2006年每千人中的研發人員，阿根廷為1.1人，馬來西亞

為 0.42 人，韓國為 4.8 人。

二是金融過度自由化，反覆爆發危機，比如拉丁美洲債務危機和東南亞金融危機。

一些人因此得出結論：這些國家掉入中等所得陷阱的主要原因是理組人才不足，技術創新不足；文組生（經濟學家）誤國，金融開放後被美元反覆收割。

這些結論都過於表面，甚至極具誤導性。

為什麼製造業轉型失敗？這些國家的技術研發投入為什麼不足？技術創新來自哪裡？

人人都知道技術創新重要，為什麼做不到？這是值得思考的問題。技術創新並不是天上掉下來的，也不是靠錢堆起來的，而是靠制度創新。不同的制度，造就不同的人及行為，從而決定不同的技術水準。這就是新制度經濟學家道格拉斯·諾斯（Douglass North）的主張。

過去，拉丁美洲、東南亞國家的經濟為何快速成長？

這些國家的經濟成長主要來自國際資本、國際技術的遷移。拉丁美洲國家多數是資源型國家，東南亞國家則是勞力密集型國家，礦產資源和勞動力充沛吸引了大量的國際資本進入。而國際資本投入，國際技術引進，國際市場帶動，使這些國家快速步入中等收入階段。

所以，這個階段的經濟成長並非來自國內的技術創新、

如何創新？

人力資本的提升以及制度的優勢。相反，經濟快速成長催生了民族情緒，反而掩蓋了技術創新的不足，忽視了對人力資本的投入，停止了對劣質制度的改革。

比如，1970年代兩次石油危機時，大宗商品價格暴漲，墨西哥、巴西大量出口礦產資源，經濟迅速起飛。巴西經濟在1971至1974年平均增幅超過10％，墨西哥經濟在1978至1981年平均增幅超過9％。但是，1982年，這兩個國家爆發了債務危機，經濟陷入負成長。

美元快速升值是危機爆發的直接原因，但根本原因還在拉丁美洲國家自身。靠著天然資源出口賺取外匯，這些國家大規模借入外債，發行了大量的貨幣。這些貨幣流入了政府部門及資源型利益集團部門，很少使用在人力資本和科技研發上。1982年美元快速升值，大宗商品價格迅速回落，出口天然資源賺進的外匯驟降的同時，外債利息飆升。墨西哥、巴西先後宣布無力償還債務，匯市、債市崩盤，爆發通貨膨脹。

這是不是金融開放的問題？不，這是制度問題。拉丁美洲國家普遍沒有建立真正的憲政制度，國會對政府舉債和貨幣發行沒有約束，法律對資源型利益集團的打擊不足。

再如泰國引發的亞洲金融危機。筆者在《國家轉型中！十一個國家現代化挑戰中的經濟與制度演變》中指出：「很多人將這場經濟危機歸咎於泰國過度開放的金融政策，但極

少人關注到真正的原因,那就是保王派控制的商業銀行創造了過度氾濫的信貸,透支泰銖信用,最終引爆了貨幣危機。」

泰國的政治制度並不是真正的英式君主立憲制。泰國王室有三股力量控制著泰國:一是《褻瀆王室法》保護的「明君」威望;二是保王黨控制的上議院以及扶持的親王政府;三是龐大的王室財團。泰國王室資產達到430億美元,相當於英國王室的80倍。

長期以來,泰國王室與軍人集團控制著泰國的政治,打擊政治對手,制度改革緩慢,甚至輕易修改憲法。制度上的落後反噬經濟,王室控制的商業銀行大規模地向王室企業提供貸款,導致泰銖信用和銀行風控愈加脆弱。

韓國的情況類似。長期以來,韓國財閥控制的商業銀行無視風險地向旗下企業大規模輸血。當這波金融海嘯來襲時,企業無力償還貸款,風險波及銀行系統,金融危機爆發。為什麼韓國能夠走出危機,避免了中等所得陷阱?

關鍵是1988年的政治改革。這一年,韓國藉著奧運推翻了軍政府,修改憲法,實施總統直選制度,推行經濟改革。後來,民選總統金泳三、金大中執政,他們與財閥對抗,徹查全斗煥、盧泰愚,將全、盧二人關進大牢。金融危機爆發後,金泳三向國際貨幣基金組織求援,金大中則整頓

財閥金融，關閉向財閥輸送利益的商業銀行，從根源上斬斷財閥經濟的利益鏈。

韓國經濟學家、原駐華大使張夏成在其《韓國式資本主義》中指出：「如果說西方先進國家的問題是市場本位主義的產物，那麼韓國的問題則因沒有正確樹立市場經濟規範而導致。」他認為，韓國式資本主義類似於「賤民資本主義」，表現為任人唯親、裙帶關係、小團體主義、地方保護主義、貪汙受賄等特徵。這就是制度問題。

韓國度過這場危機後經濟持續成長，最終躋身先進國家行列。這必須歸根於韓國的制度改革，尤其是四位民選總統與財閥勢力的持續對抗。值得注意的是，四位民選總統都是文組生，其中金泳三學習哲學，金大中是記者出身，後來的盧武鉉和文在寅都是律師出身。

所以，中等所得陷阱本質上是制度陷阱。掉入陷阱的國家，大多治理無能、腐敗不堪，利益集團壟斷資源、控制經濟，導致財富集中、創新不足、社會矛盾頻發、經濟停滯不前。

## 02　人文科學為科技創造空間

人文科學造成什麼作用？

有人說詩歌怡情，哲學開悟，文學通達，談具體作用就

顯得功利主義了，未免太庸俗。從經濟學的角度來說，一個學科、一個職業如果沒有效率，無法創造價值，定然會被淘汰。

人很自然會選擇更有效率的職業和科系。後進國家步入中等收入階段時，國際技術大量湧入，工業效率快速提升，工業領域的收入快速增加。這吸引了更多的人選擇理工科，電子、機械、電腦、材料都是熱門科系。過去幾十年，成績好的學生選理組，沒有理組優勢而被迫選文組的人也大有人在。進入千禧年後，市場對貿易、管理、金融人才的需求擴大，商科開始崛起，不少成績好的學生選擇了金融、貿易、經濟學、管理學、財會，其中不乏理組學生。而歷史、哲學、宗教、文學、美學、社會學等文組科系均較為冷門。

到今天，我們需要反思：人文科學有什麼作用？

第一，人文科學為科學技術創造生存空間。

在科技技術開始創新後，有些國家會遇到一個難題：有資本、有技術、有土地、有勞動力，但創新技術卻無法真正發展，為什麼？

創新技術的發展過程可分為三個步驟：一是制度改革，政府釋放資源；二是企業主入場；三是勞動力、工程師發揮作用。可見，人文科學的探索是走在前端的。

以中國為例，在國際技術轉移紅利逐漸消失，基礎建設

如何創新？

投資邊際遞減效應越來越明顯，勞動力不再充沛時，怎麼辦？原先製造能力與產業鏈強大的國家為什麼無法在技術創新上扮演帶頭角色？是不是技術投入不足？是不是自然科學的基礎研究不足？

這些固然沒錯，但也不是關鍵。關鍵是孱弱的人文科學沒有為科學技術打開成長空間。過去，中國的人文科學為科學技術只創造了生存空間，卻沒有打開成長空間。比如，智慧財產權保護不足，既打擊了創新者的積極性，也抑制了企業主對技術研發的投入。又如，經濟學及反壟斷工作的問題。壟斷勢力阻礙了技術進步，但盲目的反壟斷反而打擊了技術創新。現實的問題是，很多經濟學家和律師並不理解什麼是壟斷，不清楚反壟斷到底在反什麼。再如，產權改革及治理工作的問題等等。

除了法律、管理、金融外，媒體、藝術、文學、歷史等均能夠為科技打開成長空間。通常，思想市場越繁榮，理性思維越成熟，知識創新越發達。如果人民不理解個人自由，不理解產權制度，不理解人文精神，不理解立法原則，制度變革幾乎是不可能的。而人文科學的任務是探索並傳播人類行為的規律，進而創新制度，為技術提供成長空間。

第二，人文科學為科學技術劃定成長空間，即確定邊界。

有空間就有邊界，技術或許無邊界，但是技術在人類社會系統中是有邊界的。如何劃定科技的成長空間，是人文科學的艱鉅任務。

人類有意識的管理會對技術革命的發展產生決定性作用。比如，管仲的鹽鐵官營。鑄鐵是一項重要技術，管仲將其官營壟斷，阻礙了民間鑄鐵技術的進步。此後，歷代王室都對鐵器、火器加以管制，抑制了金屬冶煉、火力能源的進步，而這兩項是工業革命的重要技術。

人文科學探索的是人的行為規律，自然科學探索的是自然規律（並非按是否學數學來區分）。這種探索既可以採用定量方法，也可以採用定性方法，關鍵是要遵循抽象邏輯。與自然科學相比，人文科學的研究難度其實更高，探索人的行為規律更困難。

從人文科學到政治制度，再到經濟自由，這是日本思想家福澤諭吉的主張。最典型的說法是，歐洲的宗教改革、文藝復興和啟蒙運動，為近代科學和工業革命揭開了天窗。

## 03　寬容文化是發達教育底色

如今的人文科學教育往往距離抽象邏輯太遠，能給人多少理性思維？

自然科學的抽象邏輯夠「硬」，沒有太多主觀發揮的空

間。但是，人文科學非抽象邏輯的生存空間太大，且常常被人利用。化學、物理學不會被分為西方的和東方的，但經濟學、管理學、歷史學常被區別對待。如果違背自然規律，所有人都可能被懲罰。但是違背人的行為規律，可能一部分人被懲罰，一部分人則獲利。例如鼓吹貨幣放水，一部分人可以藉此洗劫另一部分人而獲利。干預主義在經濟學、政治學中被包裝為真理大行其道。被扭曲的人文科學，游離於抽象邏輯之上，大談似是而非的理論，危害至深。

個人、政府及任何機構都難以判斷出文組價值比較高還是理組比較有用，高中教師有用還是軟體工程師有用。但是好在人才的配置可以不由主觀意識或主觀感覺決定，而是由市場配置決定。比如，當歷史系畢業生就業壓力增加時，就會有很多學生報考其他科系。又如1960、1970年代，美國物理學高材生就業困難，他們中有不少轉向（報考）就業前景更好的經濟學博士。這個趨勢也促使經濟學方法論轉向實證主義。

隨著經濟的發展，競爭的加劇，市場需要更多的管理人才、金融人才、跨國經營人才、審計師、律師、心理諮商師、媒體人。這些人可能出身於文組，也可能出身於理組，未必都完全符合他們的專業，但這都不重要。市場競爭的唯一標準是效率（效用）。用市場去淘汰那些被扭曲的人文科學知識，淘汰那些缺乏理性思維、獨立思想和創新能力的文

理組人。這就是市場競爭的倒逼法則。

在整個社會中，我們應該包容不同的正當性行為存在，包容各種正當性的自由市場和職業存在。有些職業或許距離自然科學很遠，距離科學技術很遠，但只要它有效率與效用，終歸會促進社會的進步。

蘇聯曾採用中央計劃的方式，將絕大部分資源投放到重工尤其軍工領域。一時間經濟成長迅速，軍備競賽也在一時間壓過美國，核彈頭數量也比美國來得多。但無論從結果上還是邏輯上看，這種做法都是失敗的。

二戰期間源自歐美世界的技術累積是蘇聯技術的基底，資源集中在重工業領域，製造大量的核彈頭和巨型廣場，但卻無法掩蓋其民生、法律、輕工、金融以及其他領域的疲弱。最終其他領域的疲弱反噬了其重工與軍力。比如，蘇聯的飛機、潛艇、核電廠的事故機率要高於美國，有些事故源自國家治理，有些源自財政資金，有些源自電子設備。1980年代後，微電子、半導體領域的落後，導致蘇聯軍備落後於美國。國家治理與財政資金的問題最終擊潰了這個龐大的帝國。

日本二戰時推行經濟軍事化，將全部資源集中到軍工上，迅速擴張航母、艦艇和飛機數量。珍珠港事件後，海軍裝備數量不遜於美國。但是，很快美國人發現，日本海軍是

「打腫臉充胖子」，各方面落後於美國。一些航母是由大型商船改造而成，板壁薄，戰鬥力弱。在中途島戰役中，日軍航母被轟炸後陷於癱瘓，而美國憑藉強大的工業技術，能夠迅速維修受損航母。更重要的是，美軍憑藉發達的情報技術重創了日本海軍。

人為集中資源與市場配置資源，前者往往盛極而衰，後者常常先抑後揚。市場配置資源往往是更具有效率的方式。

跳出中等所得陷阱要靠技術創新，而技術創新源自一個個繁榮的小市場、小需求和小愛好。比如晶片製造是製造業智慧化更新的一項重要技術。晶片技術創新來自哪裡？如果你是一位攝影愛好者，那麼你的愛好促進了晶片製造，或許能夠將照相機中的光學鏡頭（如德國蔡司）運用到荷蘭艾司摩爾光刻機中。先進晶片是全球最頂級的科技公司分工合作的結果，我們不需要也不可能將晶片產業鏈上下游每一項技術都掌握。但是，繁榮的小市場、小愛好、小技術越多，這個國家越有可能掌握更多的關鍵技術。

所以，我們需要提供寬容的環境，讓各類自由市場蓬勃發展。當然，這個寬容不是無原則的寬容，也不是自由放任的寬容，而是遵循正當性自由的寬容。流行樂、飛鼠裝飛行、登山，等等，各類市場越繁榮，科技越發達，社會越進步。其中的邏輯有二：

一是技術擴散。

這些市場、產品可以為人們帶來不同的效用,而對效用的追求客觀上也會促進技術的進步。比如看球賽、田徑賽可以促進技術進步;100公尺短跑對跑鞋的要求極高,這促進了鞋子的材料進步;F1賽車推動了汽車技術的進步;軍工材料中使用的磷促進了農業產量的增加。

二是環境寬容。

飛鼠裝飛行、攀岩、跳傘等極限運動被戲稱為「西方人少」的原因。極限運動追求最高、最快、最強、最驚險,其背後是人類技術的極限、人類意志的極限以及人類欲望的極限。歷史上,飛機、電力、炸藥、核能技術等偉大發明,都與人類的極限挑戰相關。

唯有寬容,才能繁榮。新興國家如何避免中等所得陷阱?當國際技術轉移紅利衰退、人口紅利衰退、理工科系及技術尚未成長、人文科學及制度停滯不前時,只能追求更加寬容的環境發展自由市場。市場的力量是自發的、自由的,讓經濟自由促進其他自由。這是經濟學家傅利曼(Milton Friedman)的主張。

寬容文化是人類文明的底色。我們找不到一個死氣沉沉、科技又發達的國家,找不到一個民眾邏輯混亂、經濟又繁榮的國家,找不到一個只唱一首歌曲、社會又文明的國家。

更何況，技術進步與經濟成長不過是手段，效用與自由才是目的。

## 參考文獻

[1] [ 美 ] 道格拉斯·C. 諾斯。制度、制度變遷與經濟績效 [M]。杭行，譯。上海：格致出版社，2008。

[2] [ 韓 ] 張夏成。韓國式資本主義 [M]。邢麗菊、許萌，譯。北京：中信出版集團，2018。

[3] [ 美 ] 密爾頓·傅利曼。資本主義與自由 [M]。張瑞玉，譯。北京：商務印書館，200。

# 社會經濟學：
# 就業、科技與社會資源再分配

　　當代，年輕人對於競爭變得特別敏感。與同齡人競爭、與智慧型機器人競爭，引發了對「惡性競爭」的焦慮。

　　經濟學研究的問題是如何在有限資源下實現最高效的分配。

　　如何對抗惡性競爭？惡性競爭為何出現？技術性失業如何修復？能回答的問題多一個，自我向上的確定感便多一分，焦慮和內耗就少一點。

◆ 社會經濟學：就業、科技與社會資源再分配

# 機器人會搶走我們的工作嗎？

當下 ChatGPT 正在掀起一股生成式人工智慧革命浪潮。ChatGPT 作為一項有力的競爭工具，誰先引入，誰便獲得競爭優勢。對普通大眾，尤其是知識工作者來說，ChatGPT 帶來的最直接的挑戰可能是丟掉工作。

據美國《財富》（*Fortune*）雜誌網站報導，一家提供就業服務的平臺對 1,000 家企業進行了調查，結果顯示，近 50% 的企業表示，已經在使用 ChatGPT；而已使用 ChatGPT 的企業中，有 48% 選擇讓其代替員工工作。

ChatGPT 引發了廣泛的失業焦慮，人工智慧革命真的會引發技術性失業（新技術迅速取代人力而引起的失業）嗎？本節從經濟學的角度專門探討技術進步與就業（失業）的關係。

## 01　樂天派：為何不用勺子挖土？

1990 年代，經濟學家密爾頓·傅利曼在一地考察時偶然來到一個工地。

傅利曼發現工人們在用鏟子挖運河而沒有使用重型機械，他感到很奇怪，便詢問了當地的官員。官員回答說：「用鏟子是為了創造更多的就業。」

「噢，原來是就業計畫，我還以為你們是在修運河呢。」傅利曼說道，「既然是想創造就業，那別用鏟子了，用勺子挖吧。」

傅利曼是新自由主義的領軍人物，他的思想與古典主義、新古典主義是一脈相承的。他們都相信市場充分競爭的力量，對市場補償機制解決技術性失業充滿信心。

早在 18 世紀，英國工人盧德（Ned Ludd）就帶領工人搗毀了工廠機器，他們抱怨機器奪走了他們的工作。

與盧德生活在同一個國家、同一個年代的古典主義經濟學家們，如賽伊（Jean-Baptiste Say）、馬爾薩斯、李嘉圖（David Ricardo），都對「盧德運動」嗤之以鼻。

古典主義經濟學家都否定技術性失業的存在。他們的解釋如下：賽伊堅持「供給創造需求」的賽伊法則，他認為採用新機器所導致的產品供給增加會引起產品需求的增加，產品需求的增加最終會引起勞動力需求的增加，從而使得被新機器排擠的工人重新獲得就業機會。

馬爾薩斯則認為機器的應用會透過需求不足、資本短缺等因素引起失業，但他同時又指出，開放的市場可以恢復充分就業。

李嘉圖起初也相信市場的力量可以補償機器對就業的排擠，但後來改變看法，他在《政治經濟學及賦稅原理》（On

*the Principles of Political Economy and Taxation*）第三版中特意增加「論機器」一章，認為如果機器占用了流動資產，則會出現嚴重的就業問題。

古典主義經濟學家的觀點，與今天我們很多人的觀點類似，即技術進步導致一部分人失業，同時也創造了新的就業機會，這就是市場的補償機制在發揮作用。

市場到底是如何補償的呢？古典主義經濟學家總結了五種補償機制：

一是新機器補償機制。技術進步產生的新機器替代舊機器，新機器所締造的工作職位補償了被技術進步排擠的就業。

例如，CNC車床替代傳統車床，CNC車床的設計、製造和使用都需要新的技術工人和工程師。

二是價格下降補償機制。技術進步可以降低商品成本，進而讓需求增加，產出和就業擴大，達到補償效果。

這是一種典型的古典主義正規化。

例如，網路降低了購物的交易成本，網購價格更便宜，使用者會忍不住地「買買買」，購物網站銷售額大幅增加，社會需求擴大了，就業也就增加了。

三是新投資補償機制。新技術促使成本下降，但是售價有可能沒有以相同比例下降，這樣廠商就有了額外的利潤，

工廠老闆就有意願增加投資，創造新的就業。

古典主義經濟學家提出的新投資補償機制，實際上間接承認了價格機制的滯後性，或凱因斯主張的價格黏性。

例如，無人販賣機和 24 小時銀行可以降低設立站點的成本，但是商家和銀行一般不會降價，而是趁著這個機會投資更多的無人販賣機和自動櫃員機。

四是新產品補償機制。技術進步帶來的新產品將創造新的生產部門和就業職位。

例如，無人機的出現，創造了一個新的產業和大量的工作職位。

五是薪資下降補償機制。技術創新引發失業，失業人口多了，勞動供給增加，勞動力的價格就會下降。這個時候，一些廠商就會增加對廉價勞動力的僱傭，或開發勞力密集型技術，以降低成本。

例如，農業機械化過程中，農村大量勞動力剩餘，並遷移至城市成為廉價勞動力，外資加大製造工廠投資力道，吸收這些工人，對農民失業構成補償。

薪資下降補償機制後來還成了新古典經濟學家解決失業問題的處方。

以上五種補償機制是古典主義經濟學家們的理論主張，他們的後來者新古典主義經濟學家們不但繼承完善了這些補

償機制，還提出了一些新的補償機制。

以馬歇爾（Alfred Marshall）、瓦爾拉斯（Léon Walras）、柏拉圖為代表的新古典主義經濟學家，引入了邊際理論和數學實證方法，他們的理論主張比古典主義邏輯更嚴密、論證更精細。

新古典主義經濟學家提出了商品價格「彈性」的概念，應用在價格下降補償機制中是這樣解釋的：

有些商品價格彈性大，比如名牌包包，如果打五折很可能會引發搶購，生產和就業就會擴大。但有些商品價格彈性小，比如食用鹽，即便漲價，再貴也會購買，這就難以造成補償作用了。

皮古（Arthur Pigou）引入了貨幣機制，他認為，價格下降意味著實際貨幣供給增加，利率因而下降，這將產生投資激勵的作用，從而增加產出和就業，這就是皮古效果。

現實中，是否會發生皮古效果呢？

過去一個世紀，汽車的技術一直在進步，但價格卻在下跌，汽車是耐久財，個人一般不會因汽車降價而多買兩臺車。

但是，汽車降價卻會讓個人的錢變得富餘，有些人會將多餘的錢存入銀行或做投資，而有些人會增加旅遊等消費，從而促進生產和就業。

工業部門技術進步快、生產效率高，工業部門的貨幣溢出到了服務部門，擴大了服務部門的需求和就業。這正是先進國家商品便宜、服務貴的重要原因。

對於新產品補償機制，新古典主義經濟學家則進一步考察了新舊產品之間的可替代性對就業補償程度的影響，透過對比，結論仍然是樂觀的。

例如，智慧手機替代了傳統手機，使市場需求、投資以及就業都大幅度提升。

在古典主義經濟學家提出的五種補償機制外，新古典主義經濟學家還增加了收入增加的補償機制和新投資激勵補償機制。

收入增加的補償機制。由於技術進步帶來成本下降的好處被工人和僱主分享，薪資和利潤都得到提升，進而產生了收入效應。如此一來，消費和投資都會增加，同樣就業也會增加。

新投資激勵補償機制。技術進步會導致投資邊際效率提升，利潤預期上升，這種情形下老闆們一般會追加投資，就業隨之增加，這就是熊彼得所說的「創造性破壞」。

所以，早期的經濟學家基本都是樂天派，他們認為，沒有任何外在因素可以衝擊市場的自然循環，技術帶來的短暫性失業也會被市場的補償機制所弭平。

## 02 悲觀派：誰能預測技術創新？

經濟學誕生後 150 年間，過度推崇市場理論及均衡正規化的經濟學家們，對技術性失業視而不見，儘管經濟危機和大規模失業不斷降臨。

但是，20 世紀的前 30 年發生了兩件事情，改變了經濟學家對技術性失業的看法。

第一件事情是美國 1919～1925 年生產率資料的第一次公開出版。

這一資料表明，這個時期美國生產率（即每個工人的平均產出）提升了 59%，而與此同時就業率大幅度下降。

面對這一反常現象，經濟學家推測技術性失業的存在。

第二件事情就是 1930 年代的經濟大蕭條——真正讓經濟學界重視失業問題並引發第一次激烈的爭論。

其實，早在 20 世紀初，凱因斯就象徵性地提到了「技術性失業」，他指出，「我們正在為一種新的疾病所苦惱」。

大蕭條到來，經濟崩潰，失業大增，這意味著市場的失靈，市場補償機制不發揮作用。當時，整個經濟學界都傻眼了，凱因斯以有效需求不足理論推翻了新古典主義。

這兩個事件促成了當時經濟學界流行的觀點，即肯定了技術性失業的存在。有人甚至提出暫停技術進步的建議，美

國參議院和眾議院甚至分別於1939年提出了對機器課稅的議案。

大蕭條之後，人們意識到，對待失業或技術性失業不可盲目樂觀，市場也有靠不住的時候。

為什麼市場補償機制會崩潰（市場失靈）呢？

在現實經濟中，價格彈性、貨幣制度、財政制度、勞動制度、壟斷性質、金融市場的脆弱性等，都有可能阻礙價格與供給機制的充分發揮，從而阻斷或減少失業工人再吸收，破壞市場均衡，造成技術性失業。

理論方面，費雪（Irving Fisher）用「債務螺旋」理論來解釋「市場失靈」；凱因斯用以三大心理規律為基礎的有效需求不足理論來解釋；而熊彼得則用創造性破壞來解釋。

熊彼得的解釋令人信服，為什麼？

以上古典主義和新古典主義的七大補償機制，都有一個前提──技術水準保持不變。而熊彼得，瓦解了這個前提。

熊彼得認為，技術創新是造成非均衡的主要因素，市場在創造性破壞中動態演進。

例如，為什麼大量傳統的木匠、鐵匠都快速消失了？

機器生產木製家具和鐵製品，成本更低、品質更好，機器的大規模生產及成本品質優勢，對傳統木匠、鐵匠的替代

速度極快，市場還來不及反應，這些工匠就失業了。

這就是技術創新對市場均衡及充分就業的衝擊，即熊彼得的創造性破壞。

熊彼得指出，創造性破壞是經濟谷底時企業家以創新求生存，成功的技術創新進而促使經濟復甦，如此循環往復構成動態平衡。

每一次的蕭條都包含著一次技術革新的可能，或者說技術革新的結果便是可預期的下一次蕭條。

熊彼得贊成技術衝擊的主張，認為技術革命帶來的失衡、危機和失業不可避免。

19世紀英國紡織業發生多次過剩型經濟危機，正是受到蒸汽機技術的正向衝擊。

這一時期由於蒸汽紡紗機的廣泛應用，一名工人將1磅棉花紡成紗線所需時間由過去的500小時，縮減到只有3小時。紡紗機和織布機的引進節約了大量勞動力，這使得工人們擔心出現失業，進而引發「盧德運動」。

所以，從大蕭條開始，人們逐漸從非均衡的角度研究技術與經濟之間的關係。

1970、1980年代，創新理論領域誕生了兩種對立的理論：需求引致創新理論和自發創新理論。

需求引致創新理論，屬於古典主義樂觀派，否定技術性

失業。這種理論認為,經濟可以掌控技術,技術進步完全服務於經濟,是對市場條件被動、機械的反應。

自發性創造理論,則屬於技術主義悲觀派,肯定技術性失業。這種理論認為,技術的演變受自然科學規律支配,而非經濟學規律,即技術自身有其發展與突破的規律週期。

技術的不確定性以及擴散性,造成經濟成長的不確定性,容易衝擊市場均衡,造成技術性失業。

技術進步遵循自然科學規律,技術演進像浪潮,前期累積大量能量然後突然爆發,達到高潮,而經濟無法決定技術累積到什麼程度爆發,難以預測浪潮的頂點在何處。

任何技術開發都存有風險,很多時候第一線的技術員也不知道何時能夠成功,甚至是否能夠成功。

技術創新,尤其是技術革命,會引發巨大的衝擊波,技術外溢還會帶來一系列的後續影響。這些都源於技術發展中的不確定。

經濟學家、企業家、科學家都難以全面預測技術帶來的各種衝擊。技術的衝擊,往往是突發性的、突變性的和不穩定性的。

從西元 1788 年到 1825 年,37 年間英國發生了 7 次經濟危機,幾乎都是過剩型經濟危機,危機的嚴重性和波及程度一次比一次明顯。

這個階段，瓦特（James Watt）發明的蒸汽機大規模使用到棉紡織領域，生產效率立即大幅度提升。

當時，英國一年的棉紡織品的產量，相當於過去幾個世紀的。英國人、歐洲人徹底告別了嚴寒。

別小看一條被子、一件棉外套帶來的變化，這一變化直接改變了歐美世界的社會關係。

人們告別了嚴寒，因風寒而引發的疾病大幅度下降，人口自然死亡率下降，人口出生率提升。西元 1840 年之前，英國人口大量出生，並往城市集中。

這對當時的英國社會經濟帶來巨大的衝擊。

首先，大量的人口紅利出現，促使工業生產飛速發展。

其次，大規模人口集中到城市，促進了城市化發展，英國倫敦成為全球第一大城市。

最後，大量人口出生及集中，城市公共財嚴重不足，這導致英國、歐美國家或地區的社會矛盾極為尖銳，工人運動不斷。

這就是蒸汽機技術浪潮為英國棉紡織業帶來的不可預知的巨大衝擊。

這些衝擊根本上都是技術革新帶來的。但是企業家、政治家都無法預測技術革新、技術擴散帶來的衝擊，因而引發了一系列的社會經濟問題。

再以頁岩氣為例，在 2008 年金融危機之前，全球原油價格漲到歷史高峰。

當時有些國家的策略選擇是發展新能源，大力推動以電力作為替代能源。

美國這個時候頁岩氣開採取得了技術突破，頁岩氣產量大幅度提升，美國從原來的原油進口國搖身一變成了原油出口國。依靠成熟的開發生產技術以及完善的管路設施，美國的頁岩氣成本僅僅略高於常規天然氣，這使得美國成為世界上唯一實現頁岩氣大規模商業性開採的國家。

這就是美國的頁岩氣革命。

受頁岩氣革命影響，全球原油價格大幅度下跌，一些產油國，尤其是俄羅斯，壓力非常大。俄羅斯因石油出口額下降，在美元升息週期中引發了貨幣危機。

這就是技術累積的不確定性對經濟帶來難以預估的衝擊。

我們再來看看電力技術。其實早在 100 多年前，電池動力和內燃機動力差不多同時起步。電動車的發明甚至要早於內燃機汽車。

1900 年時，蒸汽車比重最大，電動車次之，然後才是燃油汽車。所以，我們說電力是新能源，其實不符合歷史。

但是，後來市場一面倒向內燃機動力。主要原因是汽

油、柴油的壓縮密度和效率遠遠優於電池動力。

事實上，這100多年來，人類花了很多時間和資金投入電池技術的研發，但是進步極其微小。

從另一個角度分析，我們也不知道，電池技術何時突破。全球投入了大量資金在鋰電池上，但效果不盡如人意。

日本在福島核電廠洩漏事件後，能源策略開始去核化，轉向氫燃料。如今，日本的氫能源及氫燃料汽車技術先進，但是距離大規模量產依然有距離。

與日本不同，美國特斯拉則走純電動車路線。

無論是氫燃料，還是鋰電池，我們還不能完全確定電池技術何時突破，以及在哪個方向上突破。

假如電池技術哪天突然被突破，或許對很多高耗能產業形成替代效用，如內燃機汽車。這樣或許會突然造成石油開採、銷售以及內燃機製造等相關領域的大規模失業。

由於知識和科技有外部性，經濟系統無法阻止，也無法決定技術的廣泛外溢、延伸以及大規模推廣應用，這就可能導致一些產業突然出現大規模失業。另外，新技術一旦成熟，其普及、擴散及替代勞動力的時間會越來越短。美國曾經花了80年時間才使汽車的普及率達到50%，但電視機和錄影機的普及只花了30年，手機則僅僅用了10年。

在人工智慧方面，我們同樣面臨這種不確定性的衝擊。

如果工業機器人一旦實現量產型突破,那麼全球很多工人都可能突然被機器人所替代。這種短時間引發的大規模技術性失業對經濟的衝擊很大。

科學家無法保證何時能夠攻克阿茲海默症,無法確定科技奇點(Technology Singularity)[07]的具體時間。

我們無法預測基因技術的進步,會對哪些產業、領域以及家庭帶來什麼樣的衝擊。

有些技術看似變化微小,看似隔行如隔山,但是技術的擴散性極強,很可能對其他產業造成顛覆。

馬斯克(Elon Musk)、比爾蓋茲(Bill Gates)等都對人工智慧、未知宇宙表示過擔憂、謙虛與敬畏。

技術演進遵循自然科學規律。在自然、宇宙及規律面前,人類依然很渺小和無知。

所以,對技術的不確定性、技術性失業及人工智慧,我們應該有更多的敬畏。

## 03　折衷派:技術性失業存在嗎?

熊彼得吸收了奧地利學派和新古典主義兩大流派的思想,抓住技術進步(企業家創新)這一個點,破解市場均衡。

---

[07] 根據數學名詞「奇點」引申出的描述技術發展的概念,形容技術發展逼近一個臨界點,到這個臨界點技術將會在很短的時間內出現極大進步。

實際上，熊彼得是第一個全面論述技術與經濟關係的經濟學家。他採用折衷主義的思想論述二者之間的關係。

一方面，熊彼得認為，技術進步是經濟發展的中心，技術創新是造成非均衡的主要因素。

他提出的理由是：

第一，創新不是均勻地隨機分布於整個經濟中，而是集中於某些關鍵領域，這將引起不同領域間的結構調整問題。

他把技術進步與經濟週期連結在一起，認為大規模失業與創新活動在歷史上是一致的。

第二，創新的擴散過程也是不均勻的，具有週期性。

第三，創新發生後的迅速成長期間，利潤預期發生變化，成長在達到一定程度後會因利潤預期的變化而放緩。

另一方面，熊彼得並不認為，經濟系統會被技術創新「肆意」破壞——人們常常陷於不確定的失業危機之中。

他主張，創新不是一個技術概念，而是一個經濟概念：它與技術發明有嚴格的區別，把現成的技術革新引入經濟組織，形成新的經濟能力。

熊彼得的折衷主義，更加著重於經濟決定技術論。

到了1982年，義大利經濟學家喬凡尼·多西（Giovanni Dosi）同樣奉行折衷主義，綜合了需求引致創新理論和自發

創新理論，完整地論述了經濟與技術之間的關係。這就是「技術正規化 —— 技術軌跡」理論。

多西認為，技術決定論和經濟決定論都有所偏頗，自然規律與經濟規律既相互獨立，又相互影響。

技術正規化負責為技術發展指出一組可能性的方向，這組可能性都是由自然科學規律決定的。

至於走哪一條路，由經濟規律決定，也就是由市場來選擇，以確定什麼樣的技術路線最具有商業化的可能性 —— 成本更低、效益更高。

舉個例子，在 1960、1970 年代，資訊技術剛剛起步之時，關於資料庫技術正規化，其實有多種選擇，比如集中式資料庫和分散式資料庫，最終選擇哪一種呢？

後來市場選擇了更加安全、穩定、高效能的集中式資料庫。這就形成了今天我們熟悉的技術軌跡，如 Google、甲骨文的集中式資料庫控制著所有使用者的資料。

2008 年，中本聰發表了《比特幣 —— 一種點對點的電子現金系統》白皮書，象徵著一種新的技術正規化進入市場，那就是分散式運算。分散式運算結合了密碼學中的非對稱加密技術，形成無人可竄改的帳簿，這就是區塊鏈。

分散式和集中式，都遵循自然科學規律，但什麼時候用哪種技術，取決於經濟規律 —— 成本、收益、風險的考量。

所以，科學家、機器人或資本家、企業家都不可能單獨掌控這個世界，經濟的脈象由自然規律和經濟規律共同支配，技術性失業與否取決於這兩大規律的配合度。

以下將自然規律與經濟規律相結合以思考技術性失業：一是技術成熟度與規模經濟。

能否形成規模經濟，是開發、引進、推廣技術的關鍵考量。一項技術能否快速並大規模應用，並不是完全取決於技術的成熟度，而是能否解決實際問題並帶來規模經濟，或者與其他資源如勞動力相比，是否具有替代優勢。

舉個例子，為什麼美國農莊裡的大型機械，沒有在日本、中國、泰國等人口稠密的亞洲國家大規模應用？

原因是，亞洲國家最大的資源優勢是勞動力，而稀缺的是土地。這就決定了這些國家的農業經濟在選擇技術上，不選擇替代勞動力的大型機械，而是選擇解決土地稀缺問題的高效率生物技術。

反過來說，農業機械在亞洲梯田上不會產生規模經濟，而農藥、化學肥料及育種技術可以形成規模經濟。

所以，日本則選擇先化學化、後機械化現代農業發展道路。日本是世界上最早達成農業化學化的國家，研究精耕農業種植及管理。美國的農業機械技術，並未造成東亞農民失業。

人工智慧也是這個道理。日本、美國的汽車製造都屬於資本密集型，如今的特斯拉卻是技術密集型，因為美國特斯拉工廠採用全智慧化生產。

但是，特斯拉在中國設廠，考慮的是中國廉價的勞動力及土地資源，而不是直接將智慧流水線轉移到中國。在中國的勞動力與美國的智慧化之間，馬斯克進行了成本與收益的考量。

再如，美國亞馬遜嘗試用無人機解決「最後一公里」問題，順豐速運也在縣域鄉鎮之間使用無人機配送，但是城市內基本上都在使用廉價勞動力「跑腿」配送，這都是在成本與收益之間進行權衡的結果。

1913 年，福特汽車建造了世界上第一條流水線，當時流水線上還有不少工人作業。如今，福特汽車公司整車自動化裝配流水線上都是雷射銲接機器人在作業。

從第一條流水線到全自動化機器人，福特公司經歷了一百年的技術累積及逐步替代。

在美國，最新的自動化影像處理軟體能完成放射科醫師的大部分工作，成本連原來的 1% 都不到；但是離人工智慧進入門診部、手術室的大門還有非常遠的距離。

曾經有媒體報導，有些人工智慧公司僱傭工人替代機器人。美國一家創業公司總裁曾開玩笑說：如何創辦一家 AI 公

司？第一，僱一群低薪者假扮 AI；第二，等待 AI 被開發出來。

所以，技術性失業，實際上是技術進步在替代該替代的、沒有競爭力的勞動力。如果廉價勞動力具有優勢，不但不會被技術所替代，市場還會根據技術的成熟度、成本、效益，逐漸淘汰該替代的勞動職位。

二是技術創新是經濟系統協作的結果。

我們最容易犯的錯，是設想突然出現無數成熟的機器人，在流水線工作、在送快遞、在開車、在翻譯、在做美食……然後，人類什麼都不能做，徹底失業了。

現實並非如此，一項重要的技術革命，一定是在自然科學規律上經歷了大量的累積。這個累積過程不但需要時間，還需要各技術領域同步突破、相互配合。

舉個例子，2007 年 iPhone 的出現為智慧手機開創了一個時代，這並非來自蘋果一家公司的創新，而是整個電子產業——晶片、鏡頭、通訊、螢幕、儲存、記憶體、電池、工業設計，以及軟體產業如系統、安全、人工智慧、應用市場、雲端遊戲，還有製造業如自動化組裝、精密製造，共同累積到一定技術水準上的結果。

又如我們最擔心的人工智慧。一個成熟的機器人，最基本的要求是具備人機互動及辨識、環境感知、運動控制三項核心技術；靠著這三大技術，配套電池模組、電源模組、主

機、儲存器、專用晶片等基礎硬體以及作業系統。

由硬體和作業系統構成整個機器人，整合基礎硬體、系統、演算法、控制元件，形成滿足一定行走能力和互動能力的機器人；在此基礎上形成各種基礎應用開發平臺，如基於機器人作業系統開發的控制類程式、管理程式和各類應用程式等；產生的資料將有群組服務、雲端遊戲、大數據服務等。

三是技術進步與經濟成長互為反制。

1954年，美國勞工聯合會和產業工會聯合會主席、勞工運動領袖沃爾特·魯瑟（Walter Reuther）來到美國克利夫蘭，參觀福特公司的一座工廠。

一位經理驕傲地向魯瑟展示了福特公司先進的自動化機器，他對魯瑟說：「你打算怎麼向這些機器徵收工會費呢？」

魯瑟的回應是：「你又打算怎麼讓它們賣汽車呢？」

魯瑟的意思是，如果工人都失業了，機器生產出來的汽車及商品都沒有人購買。

如果技術累積到一定程度，出現規模經濟，對大規模的勞動力形成一次性且全方位的替代，那麼，大規模的技術性失業不利於消費成長，反過來還會對技術應用、創新及經濟進步構成牽制。

這種局部層面的反制在整體層面上並不完全成立。從總體角度來看，技術進步會導致結構性失業。

◆ 社會經濟學：就業、科技與社會資源再分配

# 發展製造業與擴大就業相悖嗎？

當下，數位經濟成為就業成長新動力，其如何與先進製造業融合，進而促進就業成長？過去大力發展製造業，進行裝置更新以替代更多工人，導致製造業就業人數持續下降，這是否與擴大就業的目標相背離？

本節從產業與就業關係的角度，結合經濟學的基本原理，分析如何解決失業問題。

## 01　製造業與就業相悖

發展製造業與擴大就業兩個目標是否相悖？

美國勞工部資料顯示，從 1950 年代開始，美國製造業產值持續上升，但製造業增加的產值占 GDP 的比重從 1953 年巔峰時期的 28.3% 下降至 2022 年的 11%，接近歷史最低水準；同時，製造業就業人數從 1979 年巔峰時期的 1,955 萬人下降至 2023 年的 1,299 萬人，處於較低的水準；製造業就業人數占全部就業人數的比重從 1953 年的 32% 左右下降至 2022 年的 8%，處於歷史最低水準。

美國製造業就業人數下降、製造業就業人數占比下降，到底是製造業轉移的結果，還是製造業發展的結果？

一方面是製造業轉移的結果。

最近幾十年，美國跨國公司大規模投資亞洲新興國家，把勞力密集型工廠轉移到中國、印度等國家。根據美國商務分析局的統計，截至 2020 年末，美國製造業跨國公司總資產規模超過 2,500 萬美元的海外子公司共有 11,293 家，海外子公司當年實現營業收入 2.5 兆美元，製造業增加值 5,510 億美元。截至 2021 年末，美國製造業對外投資餘額為 9,126 億美元，占全部對外直接投資規模的 16%。

反過來說，近些年製造業回流增加了美國的製造業就業人數。從 2009 年到 2022 年，美國製造業就業人數增加了 150 萬人。據 Reshoring Initiative 推測，2022 年美國製造業回流創造的就業職位數量高達 228,723 個，製造業回流和 FDI 創造的就業職位數共計 351,431 個，均創歷史新高。

另一方面是製造業發展的結果。

雖然美國製造業增加值占全球的比重在下降，但是美國製造業並未衰落，而且其競爭優勢在歐美製造業強國中還有所擴大。從 2000 年到 2021 年，美國製造業增加的產值相對日本擴大了 17 個百分點，相對德國擴大了 29 個百分點，相對法國擴大了 161 個百分點。

但是，美國製造業發展為何反而壓縮了製造業就業人數？邏輯上有兩種可能：

一是產業更新的替代效應。

過去幾十年，美國製造業持續更新，將低階製造業轉移到新興國家，將高附加值的製造業及其部門留在本土。本土研發投入增加推動的製造更新，提升了裝置與技術對工人的替代率，製造業就業人數反而下降。

二是產業分工的分離效應。

隨著製造業不斷進步，產業分工越來越精細化，原來的設計、規劃、法務、會計、審計、融資、人力資源等部門分離出去，形成了龐大的現代商務服務產業，大量就業人口也隨之分離到現代商務服務業中。

這就出現一個簡單的矛盾：製造業無論轉移還是發展，其就業人數都會下降。我們暫且將其稱為「製造業與就業悖論」。

再看中國的情況，公開資料顯示，從 2004 年到 2019 年，中國製造業產值持續上升，但是製造業占 GDP 的比重卻是下降的；同期，製造業就業人數並未隨著製造業增加值的上升而一直持續成長。

根據國際勞工組織的資料，2021 年中國製造業就業人數較 2012 年減少 2,200 萬人。根據中國釋出的資料，第二產業（含製造業、建築業、採礦業）的就業人數在 2012 年達到 2.32 億人的高點後開始減少，之後 5 年減少超 1,400 萬人。

中國製造業與製造業就業與之前美國走勢類似，即製造業增加值占 GDP 的比重、製造業就業人數先升後降，呈倒「U」形走勢，如今均已進入「雙轉折點」——製造業產值占比轉折點，美國是 1952 年，中國是 2006 年；製造業就業人數轉折點，美國是 1978 年，中國是 2014 年。

按這個趨勢，未來中國製造業產值還會上升，但占 GDP 的比重及就業人數將持續下降。

中國製造業就業人數下降的原因是否與美國類似？製造業發展與轉移同時削減了製造業就業人數嗎？

中國製造業產業更新的替代效應、產業分工的分離效應，一定程度上壓縮了製造業的就業空間。

最近 10 年，中製造產業大規模投資技術裝置，新裝置替代了更多工人。根據機器人產業貿易組織國際機器人聯合會（IFR）的資料，2021 年中國工業機器人的安裝量比去年同期成長了 45%，為了裝置更新而申請的貸款也顯著上升。

2005 年到 2017 年，技術密集型產業的就業人數占製造業就業總人數的比重從 32% 上升到 44%，而勞力密集型和資本密集型產業變化較小，在 30% 上下波動。

與美國情況類似，中國製造業分工持續推動製造業人數的萎縮和商務服務業人數的增加。

除了製造業發展外，製造業遷移對就業的衝擊也不可忽

視。近幾年，服裝、鞋帽、家具等勞力密集型製造業向東南亞國家轉移。根據調查，與 2017 年相比，2019 年美國自中國進口的這些商品都有所減少，而從東南亞進口的數量則是增加的。

中國無論是國營企業還是私人企業，製造業就業人數占比都在下降。

問題來了，推動製造業發展還能否擴大就業？

## 02　製造業與經濟邏輯

當製造業步入「雙轉折點」後，製造業與就業的關係出現「悖論」：製造業增加值增加，但是製造業就業人數下降；製造業增加值占 GDP 的比重下降，製造業就業人數占就業總人數的比重加速下降。

當先進製造業大力發展時，同時又面對著顯著的失業問題，這兩大總體經濟目標是否是相互衝突的？

要解決這個問題，必須破解上述「製造業與就業悖論」。

製造業發展越過「雙轉折點」後，雖然製造業就業人數、製造業就業人數占比均下降，但是，這依然是有利的。為什麼？

製造業發展引致製造業就業人數下降，但同時創造了更

多就業，促進就業總量增加。

製造業分工精細化，設計、會計、融資、軟體等部門分離出去，並形成龐大的現代商務服務業及其就業職位。

製造業技術更新，提升了經濟效率，創造了更多收入，產生收入效益，製造企業增加商務採購，製造業工人增加資產和服務採購，擴大了商務服務業、房地產業、金融業、零售業以及其他服務業的收入及其就業人數。

最近三十年，若加上商務服務業的就業人數，美國製造業的就業人數並未下降太多，而若再加上其他如房地產業、服務業的就業人數，美國整體就業人數在上升。

所以，製造業與就業悖論並不存在，製造業的發展最終促進就業總量擴張。

但是，我們還需要解決經濟學中的一個「節外生枝」——「鮑莫爾現象」。

1965年，美國經濟學家威廉‧鮑莫爾（William Baumol）在一篇論文中，建立了一個兩部門總體經濟成長模型，其中一個部門是「進步部門」，主要指製造業；另一個部門是「停滯部門」，主要指市政服務、教育、表演藝術、飯店、休閒等服務業。

鮑莫爾認為，進步部門效率高，而停滯部門效率低。如

在表演藝術市場上，三百年前的莫札特四重奏要四個人演奏，三百年後依然要四個人。

鮑莫爾推演，進步部門的生產率快速成長形成收入效應，進而大量採購服務，但是服務業效率不易提升，導致薪資不斷上漲。他預測，停滯部門（服務業）由於薪資不斷上升、缺乏效率，最後要不是消失，就是不斷壯大拖累整個國民經濟。這種現象被稱為「鮑莫爾現象」。

「鮑莫爾現象」真實存在嗎？

如果鮑莫爾現象真實存在，製造業越過「雙轉折點」之後，就業人數不斷往服務業集中，最終因服務業薪資高、無效率而拖垮整個國民經濟。但現實中，歐美經濟體並未因服務業持續擴大而衰退。

實際上，鮑莫爾的研究至少存在這麼幾個問題：

一是經濟是一個系統，不能簡單區分為停滯部門和進步部門。會計、設計、律師、融資、人力資源、軟體等一些服務業是從製造業中分離出來的。而且，先進製造業與資訊服務業又高度融合，舉例來說，蘋果公司是製造業還是服務業，是停滯部門還是進步部門？

二是各個產業之間相互合作。製造業的效率產生了收入效應，增加了服務業的收入。但是，製造業的效率不完全來自製造業本身，教育、金融、現代商務服務也促進了製造業

的技術進步，提升了管理和融資效率。

三是各個產業之間相互競爭。如果某類服務業無效率，自然會被市場淘汰。製造業亦如此。服務業也會透過引入技術來提升效率、提升服務品質。如演藝產業運用資訊技術和網路提升了經濟效率，新聞、會計等知識服務業運用人工智慧也提升了經濟效率。

所以，「鮑莫爾現象」在邏輯上並不存在，但它可以幫助我們更容易理解製造業、服務業與就業之間的關係。實際上，製造業越發達，服務業就越發達，總體就業水準（就業人數與薪資）就越高。

需要警惕的是，製造業投資泡沫會形成「假性繁榮」。因為過度投資既不會帶來製造業就業增加，也不會提升整體就業水準，反而可能誘發風險，引發更多失業。這符合傅利曼對菲利浦曲線的批判：通貨膨脹不會增加就業。

以房地產為例，過去，過度發行的貨幣注入房地產市場，刺激房地產投資迅速增加，房地產、建築業及上下游相關產業就業範圍擴大；當房地產泡沫風險出現，並引發政策整頓時，市場急轉直下，開發商陷入債務危機，供應商討債、工人討薪，開發商、建築商、材料商、地產仲介商整個產業鏈裁員。

原材料市場也類似如此。疫情大流行期間，歐美國家或

地區印發大量貨幣注入家庭部門，並迅速轉化為購買力引發了嚴重的通貨膨脹，通貨膨脹又刺激上游原材料部門迅速擴張產能。接著，聯準會快速升息，使通貨膨脹、需求降溫，原材料價格快速下跌，原材料開採及其加工製造業裁員。

所以，我們需要關注製造業是否有過度投資的問題。

全球在疫情期間，由於歐美國家或地區的大量需求帶動出口高成長，同時中國政府擴大投資刺激經濟，固定資產投資快速成長。根據公開資料顯示，製造業投資增速從2021年開始持續高於工業增加值增速，工業增加值增速從2022年開始持續高於工業企業利潤增速。這說明投資收益率持續下降。

投資收益率持續下降，反過來約束製造業投資，製造業企業縮減產能、投資和僱傭，沒有產生收入效應，沒有帶動服務業就業增加，青年失業率屢創新高。

到底該如何發展製造業才能促進就業？

## 03　製造業與數位經濟

製造業投資創造新就業，需建立在市場的有效需求之上。

疫情期間，晶片市場經歷了雲霄飛車式的行情。最開始，受線上及電子產品需求暴增的刺激，晶片供不應求、價

格扶搖直上；然後，全球主要國家或地區大規模投資晶片，美國、歐洲、日本、韓國和中國政府都提供大量的晶片補貼，晶片產能快速增加，價格應聲回落，企業紛紛縮減產能、裁減員工。

然而，ChatGPT震撼登場，引爆一場生成式AI革命，再次啟用影像處理晶片市場。有意思的是，晶片市場呈現明顯結構性。輝達受AI需求刺激，影像處理晶片供不應求，傳統晶片廠商英特爾則表現平平。截止到2023年7月26日，英特爾受ChatGPT概念股影響上漲31%，而處於風暴中心的輝達股票則大漲212%。

ChatGPT與輝達的關係揭示了數位經濟與先進製造業深度融合的內在邏輯：軟體是硬體的需求，軟體需求引致硬體創新；硬體是軟體的供給，硬體創新擴大軟體需求。

使用者對ChatGPT的需求增加，而ChatGPT這種大型語言模型依賴於大數據和強大的算力，強大算力的需求增加進一步帶動晶片等電子產品供給成長，甚至還帶動上游半導體原材料、電力電網等產品供給成長。這符合馬歇爾提出的衍生需求理論。

反過來說，輝達、台積電等半導體製造商透過技術創新，研發並生產出技術更先進、價格更低的晶片，大幅度提升大型語言模型的運算效率，ChatGPT回答更快捷、精準，

同時服務價格更低，進一步擴大了使用者的需求。這符合賽伊提出的賽伊法則——（新）供給創造（新）需求。

所以，需要將數位經濟與先進製造業相結合、軟體與硬體相融合。這是真正的現代製造業。

之前講數位經濟和實體經濟融合，這次更加具體，講數位經濟與先進製造業、現代服務業（從製造業中分離出來的現代商務服務業、金融業）深度融合。

在現代經濟體中，數位經濟與先進製造業深度融合，硬體製造商根據軟體系統技術疊代的需求進行創新。蘋果產業鏈是產業深度融合的經典案例。蘋果作業系統及其軟體持續疊代，向硬體製造商發出需求指令，激勵台積電的半導體晶片更新、富士康組裝技術以及整個供應鏈系統更新。蘋果公司在美國總部透過資訊系統控制全球產業鏈，其工程師直接為富士康以及「蘋概」供應商改造流水線。

數位經濟需求端帶動製造業轉型更新，才能創造真正有效的就業，最大限度地提升就業總量。

2012～2021年，中國數位經濟規模從16兆元上升到45兆元，增加了近2倍；同期，數位經濟就業人數從1.2億人增加到2.4億人，成長了1倍。預計未來會再持續上升。

有人提出，中國網路企業主要業務是消費業務，民生網路服務業無法像ChatGPT一樣帶動先進製造業發展。

這種觀點是錯誤的,沒有理解網路服務與製造業的關係。以網路叫車軟體為例,叫車軟體透過大數據運算快速撮合使用者與提供服務的司機。方便且實惠的服務擴大了叫車的需求,甚至迫使傳統計程車降低價格、改善服務態度;網路叫車的增加,一定程度上帶動了新能源汽車銷量成長——既有政策因素,也有新能源車電費較為便宜的市場因素,進而帶動電池、電子、半導體等上游原材料供應增加,最終帶動整個產業鏈的就業成長。

反過來說,先進製造業技術進步,新供給也能創造新需求。比如,新能源汽車電池續航能力提升、價格下降,降低了新能源汽車的售價,推動叫車價格下降、服務品質提升,並創造更大的需求。但是,先進製造業投資與技術更新不能脫離市場需求、不能偏離數位使用者的需求。

所以,網路消費平臺同樣可以促進先進製造業發展。我們不應削弱它們,而是要大力支持網路應用科技和消費業務的發展。網路消費業務不僅能夠為使用者帶來便利,還能夠帶動硬體技術創新、製造業轉型更新。尤其在人工智慧時代,生成式 AI 需要消費端的大數據「餵養」,而大數據計算又帶動強算力成長。

現在的問題是,數位經濟、現代服務業發展還不夠完整,與先進製造業融合程度還不深。政府可以將數位經濟、

現代服務業與先進製造業三位一體,定義為「高品質經濟體系」,並研究「高品質經濟體系」的規律,推動數位經濟需求,帶動先進製造業創新與現代服務業提升,先進製造業和現代服務業創造新的供給,進而創造新需求;為數位經濟、現代服務業與先進製造業提供更大的發展空間,促進三大產業融合、經濟效率提升,進而擴大就業總量。

最後,跳出產業與就業的分析框架,從總體上來看,最重要的是透過制度改革提升普通家庭收入,才能從根本上解決需求不足的問題。

## 內捲化焦慮

西元 1793 年,英國國王喬治三世(George III)派馬戛爾尼使團(Macartney Embassy)訪問清朝,試圖向清廷派遣常駐使節,以便兩國通商。

乾隆皇帝一口回絕了英王:「其實天朝德威遠被,萬國來王,種種貴重之物,梯航畢集,無所不有。爾之正使等所親見。然從不貴奇巧,並無更需爾國製辦物件。是爾國王所請派人留京一事,於天朝體制既屬不合,而於爾國亦殊覺無益。」

18 世紀,是人類社會的重要分流時代。當時的大多數決策者並未意識到,他們正面臨這一宏大的歷史階段。這一問題對應到全球化不確定的當下,亦令人感到焦慮不安。

本節從經濟學的角度探討人類惡性競爭的歷史以及惡性競爭的出路。

## 01　內捲化慣性

1963 年,美國人類學家克里弗德・紀爾茲(Clifford Geertz)在印尼做田野調查時發現,在殖民地時代和後殖民地時代的爪哇島,人口沒有向資本和技術密集型產業集中,

而是不斷地投入有限的水稻生產中，使得農業生產內部精細化。

紀爾茲將這種現象稱之為「involution」，即內捲化。

1985年，有社會學家將其引入「邊際效用」一詞，更為準確地界定了內捲化的內涵和延伸。他認同俄國學者恰亞諾夫（Alexander Chayanov）對小農經濟的觀點，這也是對小農經濟惡性競爭的闡釋：「恰亞諾夫指出，在沉重的人口壓力之下，小農經濟會幾乎無限地投入更多的勞動力來提升土地的產出，直到邊際報酬接近於零，為的是家庭成員自身的生存。」[08]

從經濟學的角度來看，內捲化是邊際效用持續遞減的過程，即「沒有發展的成長」。

這種現象並不罕見，在18世紀之前，人類社會已經惡性競爭了千年或數千年。

英國學者安格斯・麥迪森（Angus Maddison）在《世界經濟千年史》（*The World Economy : A Millennial Perspective*）中用資料資料統計揭示了一個「千年停滯」的內捲化經濟：在西元後第一個千年裡，世界經濟幾乎沒有任何成長。

在那個漫長而痛苦的年代，經濟增量僅來自人口與土地

---

[08] 黃宗智。小農經濟理論與「內捲化」及「去內捲化」[J]。開放時代，2020 (4)。

規模的增加。當人口增速超過土地擴張時，農業生產便呈現邊際遞減；當邊際報酬逼近極限時，人類便陷入可怕的存量爭奪——饑荒、戰亂、瘟疫，以修正人地矛盾引發的資源衝突。

千年惡性循環，萬古如長夜。農耕時代的內捲化社會，是一個殘酷的「馬爾薩斯陷阱」[09]。

直到17、18世紀，人類才藉助自由市場及其新技術、新制度一步步爬出這一陷阱。換言之，人類內捲化的時間長達數千年，擺脫內捲化不過區區幾百年。

問題來了，人類為何被鎖定在萬古長夜之中？近代技術為何出現在17世紀前後，而不是14世紀，或者更早？

在萬古長夜中，人類任何可能突破的想法、技術，均被一整套制度（國家機器、意識形態及法律習俗）鎖定。

在農耕時代，生產力低下，勞動盈餘有限，資訊不暢通，貨幣稀缺，交易風險巨大，世界各地基本都採用農耕計劃經濟作為生存方式。為了強化生產與統治，統治者設定了一整套制度，如宵禁、海禁、禁止遷徙、「士農工商」等，將人鎖定在土地上，同時消滅人的欲望。

所以，農耕計劃經濟與內捲化制度是相伴而生的。內

---

[09] 馬爾薩斯研究經濟發展與人口成長之間關係的一種理論，人口數量和農業發展成一定正比。指人口成長是按照幾何級數成長的，而生存資源按照算術級數成長，這種矛盾會導致多出的人口總是難以存活下去。

捲化制度概括起來有三點：階級固化、產許可權制及資訊壟斷。

古代歐洲與印度、日本透過制度及宗教固化階級。古代歐洲擁有一套典型的封建體系。國王靠家族及聯姻管理城邦國家，貴族在封地裡世代經營，不需要文官體系及職業軍人。在等級森嚴的制度中，爵位可以世襲，底層的人永遠也不可能躋身到上流社會。歐洲和日本的皇室都是千年一脈，沒有人想過去打破這一制度。

階級固化是內捲化社會的天花板，極限壓制人們的欲望，個人的努力很難達成階層的跨越，印度的種姓制度與宗教將底層人的欲望、信心與動力消磨殆盡。

古代中國在隋唐之後，統治者採用了文官制度來管理國家，讀書人可以透過考試提升自身階級。文官制度讓古代中國人比歐洲人更早知道讀書的價值，即考取功名，升官發財。

在古代歐洲，產許可權制與階級固化是一脈相承的，土地產權按階級等級分配，被限制流通。在古代中國，階級固化被打破，土地及財產所有權也隨之流通。所以，古代中國比古代歐洲在階級、土地及財產所有權方面都更具競爭性和流通性。但是，為何中國沒有率先走出內捲化？

主要原因是資訊壟斷。中國古代知識分子願意投資知

識,但是其所讀的書被限定了,資訊被統治者壟斷了。統治者利用資訊壟斷和文官制度,將知識分子晉升為王室之下的頂級獵食者,成了農耕內捲化的既得勢力。

所以,內捲化是人被鎖定在邊際效用持續遞減的制度環境中爭奪存量。階級固化、產許可權制及資訊壟斷三位一體,階級固化是內捲化社會的天花板,產許可權制是中樞,資訊壟斷是窗戶。

從社會文明的角度來看,「沒有發展的成長」,只是在反覆演繹悲劇。

## 02　開放性生存

14世紀的黑死病以極其殘酷的方式從人類內捲化社會撕開了一道傷口,從此城邦經濟衰落,海洋文化興起。自由市場及其新技術、新制度(思想)三股力量打破了內捲化體系,推動邊際曲線右移,締造了規模遞增。

1776年是人類走出內捲化最具代表性的一年。這一年,亞當斯密發表《國富論》,瓦特發明實用性蒸汽機,北美發布《獨立宣言》。

自由市場蘊藏著一套激勵性的競爭規則。這種競爭規則以價高者得為原則,鼓勵人人創造,公平競爭,保護私有財產。新技術、新知識不是必定獲得的,而是這套激勵性的競

爭規則催生的。這就是制度內生性。

按照布坎南的規則決定論，規則決定效果，規則重於效果。只要規則是公平的，結果就是公平的。只要規則是有效率的，結果就是有效率的。但是，這套激勵性的競爭規則，藏在無數個私人契約中，需要顯性化、公共化和憲政化。

為什麼歐洲率先走出內捲化？

地理決定論認為，隨著內捲化制度的瓦解，地中海開放性的地理格局以及貧瘠的土地，促使西歐人恢復到羅馬共和國時代的生存方式，即遷徙、出海、交流、交易、經商。東亞的地理格局是東臨大洋西靠山，中間土地富庶，改朝換代後的新統治者只要恢覆文官體系即可維持「高水準均衡」的農耕統治。

從農耕文化到海洋文化，從內捲化社會到開放經濟體，是人類生存方式的切換──從計劃為生到交易為生，從量化經濟到效率型經濟，從存量爭奪到增量創造。

荷蘭、英國、美國等海洋文化國家，率先擺脫內捲化社會。法國和德國比較艱難一點。法國農業富庶，農耕文化深重，最終經過法國大革命的殘酷洗禮才邁入海洋文明；德國原本是一個農奴制國家，為人間帶來了兩次大災難後才走上正道。

對於後進國家而言，開放是打破內捲化最簡單的方式。

但是,這種方式是有前提的,即發展自由市場。

古代各國為何不相互開放以打破內捲化?

我們很難想像,不同國家、不同人種、不同民族、不同膚色的人,在古代世界像今天一樣突然大規模相遇會發生什麼事。有兩種可能:一是戰爭,二是瘟疫。

古代社會是一個封閉體,國與國、村與村之間幾乎是隔絕的。土地稀缺及存量爭奪強化了人們的領地意識,大規模的陌生人突然出現,定然引發強烈的不安與對抗。長期以來,古代統治者也不斷地塑造外部敵人,鼓譟民族主義和國家主義,以強化政權的合法性及統治的穩定性。如此,古代人相遇,極易拔刀相向,如蒙古人西征、歐洲人入侵美洲、古中國土客械鬥等。古代游牧經濟是開放性的,但不是自由市場,古代游牧民族在領地擴張時往往伴隨著侵略。

開篇中乾隆與喬治三世的對話,其實是朝貢制度與市場制度的碰撞。「朝貢制度的設計和基本運作力量,源自對文化、政治、身分地位的關注,而非源自對追求最大獲利的關注。」在當時,農耕國家沒有能夠承載大規模交流與合作的市場力量。鄭和下西洋是朝貢制度的強化,其目的是強化政治認同與附屬。古代絲綢之路是發達的農耕經濟的擴大效應,其自由貿易的相對體量太小。

另一阻礙因素是瘟疫。古代醫療水準無法達成病毒隔

離,不同種族的族群接觸容易感染致命性病毒。據說,美洲殖民時期,歐洲人攜帶的病毒殺死了大部分印第安人。

所以,在實現要素自由流通的市場之前,國與國、人與人有意地避免接觸、交流。只有自由市場興起之後,人類才完全改變隔絕狀態,真正進入開放性生存模式。

要素自由流通的市場是一種黏合劑,是陌生人之間大規模合作的自發秩序,只有這樣才能延續世界人口的大規模遷徙、交流與合作。在自由市場中,技術、知識創新以及無障礙流通、交換持續創造增量,每一個人都在勞動分工體系內獲利。

另外,只有自由市場創造的醫療技術、衛生制度才能抵禦大規模交流帶來的傳染病毒風險。傳染病毒風險是自由市場風險的一部分。近代市場興起以來,天花、流感等致命性傳染病基本得到控制。

所以,人類打破惡性競爭,依靠的是要素自由流通的市場。

在全球化時代,較晚發展的國家可以享受國際市場的紅利,也可以享受國際技術遷移的紅利。農耕時代是內陸河經濟,工業時代是海洋經濟,如新加坡、東京、漢城、香港、上海、深圳等大都市都是臨海城市。美國史學家彭慕然(Kenneth Pomeranz)在《貿易打造的世界》(*World That Trade*

Created）中宣稱：「運輸不只決定了利潤、損失、貿易量，還拉近人與人的距離，左右了時間觀，重畫了地圖，開始了今日稱之為商品化、全球化的觀念變革。」

在較慢起步的國家中，只有日本、韓國、新加坡等極少數國家擺脫了內捲化，多數國家的經濟發展陷入停滯，社會就有限的存量（生產材料）進行競爭，生產要素趨於固化，社會規則對弱者造成了實質性不公平。譬如，拉丁美洲的開發中國家掉入了所謂的中等所得陷阱，也是惡性競爭極端化的一種表現。中等所得陷阱其實是制度陷阱，成長源自外部，內部制度改革長期停滯，無法催生新技術和利潤。一旦國際技術轉移紅利消失，或者國際市場出現風險，又會回到內捲化社會。所以，開放只是打破內捲化的第一步，因開放兒發生的改革才是關鍵。

英國思想家埃德蒙‧伯克（Edmund Burke）曾警告說：「一個國家若沒有改變的能力，也就不會有保守（非中文語義的保守，可理解為「演化」）的能力。沒有這種能力，它將不免冒著一種危險：失去其體制中它所最想保存的部分。」

## 03　全球化內捲

可是，如今連已開發國家也正在失去演化能力，競爭制度失效，開始走向內捲化。而財政軟約束，便是信用貨幣時

代的內捲化制度。引發的後果諸如福利主義氾濫的同時貧富差距擴大等。

為什麼競爭制度會失效？美國經濟學家曼瑟爾·奧爾森的「集體行動的邏輯」可以解釋現代化國家的集體內捲化。當經濟發展到一定階段，經濟累積形成的既得勢力試圖改變制度。既得勢力更接近公權力，他們試圖回到受計劃、受控制的生存法則之下以獲取壟斷租金。於是，煤炭、鋼鐵、棉花、鐵路等組織便不斷湧現，並千方百計地遊說政府。

當普通民眾發現公共決策被既得勢力掌控時，他們也會利用民主選票改變或影響公共政策，這有點像「搭便車」行為，即機會主義、投機分子，借「公共」名義實現個人的私利。奧爾森認為，只要集體成員不對等和選擇性激勵這兩個條件存在，就有人願意打開這輛便車。譬如，政治投機分子為了迎合選民，鼓吹福利權是基本權利，宣揚平等主義價值觀，最終政府被迫以擴大福利為第一目標，即便財政赤字累累，也變相滋生懶惰、排斥競爭，這便將激勵性競爭制度淪為低效的內捲化制度。財富，是透過競爭和激勵得來的，而不是天上掉下來的。但是，「搭便車」的既得利益者們都在裝睡，沒人會在乎這一人盡皆知的道理。貨幣擴張，金融勢力膨脹資產，建制派擴張財權，「搭便車」的人獲得福利。直到有一天引發「公地悲劇」，他們或許才會驚醒，抑或是相互指責。

從中我們可以捕捉到政府權力擴張的邏輯：既得勢力、福利主義者以及越來越多的「搭便車」者，傾向於支持政府擴大權力，攫取更多公共資源。其實，「集體邏輯」引發的內捲化源自憲政漏洞，即在信用貨幣時代的財政約束軟化（失效），而由其引發貨幣失控，本質是內捲化下的財富爭奪戰。

與已開發國家類似，其他國家同樣存在內捲化勢力。

奧爾森在《權利與繁榮》（*Power and Prosperity*）中區分不同類型的政府所產生的經濟效應。奧爾森認為，無政府狀態下，流竄匪徒當道，以掠奪為生。比流竄匪徒更高一級的是固定掠奪者，以計劃控制為生，他們允許部分市場存在以收取租金和稅收，同時會主動保護臣民及財產。奧爾森從流竄匪徒到固定掠奪者的發展趨勢中看到了通向文明與民主的種子。

但是，奧爾森過於樂觀。某些國家如軍政府時代的韓國，將新技術、新知識及市場經僅僅視為工具，催生皇室經濟、官僚經濟、財閥經濟及所謂的「賤民資本主義」（具有任人唯親、裙帶關係、小團體主義、地方保護主義、貪汙受賄等特徵）。

他們與華爾街、跨國集團、建制派共同建立了一個不平等的、失衡的全球化秩序，形成華爾街＋海外財閥、華爾街

＋沙烏地阿拉伯石油、華爾街＋皇室財團等「全球化割據」。這種全球化秩序最終導致全球經濟走向內捲化。

他們在海外市場建構了行政性壟斷優勢，而非充分發展平等的自由貿易。這一壟斷性經濟既損害了新興市場的消費者利益，也損害了已開發國家的工人利益。這種秩序為跨國集團創造了極其優厚的投資條件，如稅收減免、土地優惠、法律紅利、排他性協定。在這種全球化秩序中，國際資金可實現利益最大化，但是工人卻被鎖定在本土市場並被徵收較高的稅額。扭曲的全球化秩序促使國際資金轉移到海外，迫使大量本土工人失業。

上述國家的權力階層努力在內捲化制度與經濟全球化之間找到一種統治平衡。他們不斷地利用外資和技術充實自己的財力，建構一個半封閉半開放的經濟體系。

比如沙烏地阿拉伯的資源型惡性競爭。沙烏地阿拉伯是一個政教合一的國家，王室掌管石油資源，並藉助國際資本和國際市場出口石油創造財富。但沙烏地阿拉伯的社會內捲化嚴重。

又如泰國的特權型內捲。泰國的政治及經濟命脈長期被王室與軍方控制。泰國王室被認為是世界上最富有的王室，其家族掌握著商業銀行。商業銀行大肆向皇室財團貸款，從而透支了泰銖的信用。終於，1997年泰銖危機爆發並引發

了亞洲金融危機。

當時,韓國的情況與泰國類似,但結局不同。韓國財閥控制了商業銀行,製造了金融風險。1997年,位列韓國前30的財閥的債務權益比高達518%,其中有5家甚至超過了1,000%。亞洲金融危機瞬間推倒了韓國金融防火牆,韓國政府緊急地向國際貨幣基金組織(IMF)尋求援助。後者為韓國政府提供了570億美元的貸款,將韓國從破產的邊緣拉了回來。

當時,韓國財閥故意鼓動民族主義者,抨擊韓國政府與IMF的合作喪權辱國,號召民眾遊行示威,試圖維持現狀。所幸的是,1988年韓國就已經結束了軍政府統治,民選政府選擇繼續對外開放,對內切斷財閥與銀行的灰色鏈條。正因如此,韓國是為數不多的擺脫內捲化的晚開發國家國家。

所以,一旦全球化打破了這種利益與權力平衡,危及到王室、財閥們的根本利益,他們會成為最極端的反全球化力量。

美國政治學家山謬·P. 亨廷頓(Samuel P. Huntington)在《文明衝突論》(*The Clash of Civilizations*)中指出,高水準的經濟相互依賴「可能導致和平,也可以導致戰爭,這取決於對未來貿易的預期」。經濟相互依賴只是「在各國預期高水準的貿易在可預見的將來將持續下去時」,才會促進和

平。如果各國預期高水準的相互依賴不會持續，戰爭就可能出現。

亨廷頓從預期的角度分析逆全球化問題，但未能揭露本質。這種預期，並非正常的市場預期，而是一種扭曲的預期。

如今，信用貨幣時代的財政約束軟化和失衡的全球化秩序這兩大問題造成了全球經濟內捲化，引發了普遍的內捲化焦慮。

人類惡性競爭千年的經驗告訴我們，擺脫內捲化必須同時滿足兩大理性公式：制度變革的社會邊際收益大於社會邊際成本（卡爾多改進），制度變革者的收益大於平均收益（奧爾森效率）。

## 參考文獻

[1] 佩雷菲特。停滯的帝國 [M]。王國卿、毛鳳支，等譯。北京：生活·讀書·新知三聯書店，2013。

[2] 克利福德·紀爾茲。文化的解釋 [M]。韓莉，譯。北京：譯林出版社，2014。

[3] 安格斯·麥迪森。世界經濟千年史 [M]。伍小鷹、許憲春,譯。北京:北京大學出版社,2003。

[4] 彭慕然,史蒂文·托皮克。貿易打造的世界 [M]。黃中憲、吳莉,譯。上海:上海人民出版社,2018。

[5] 詹姆斯·M. 布坎南。憲則經濟學:人類集體行動機制探索 [M]。韓朝華,譯。北京:中國社會科學出版社,2017。

[6] 曼瑟爾·奧爾森。集體行動的邏輯 [M]。陳郁,郭宇峰,李崇新,譯。北京:生活·讀書·新知三聯書店,1995。

[7] 曼瑟爾·奧爾森。權力與繁榮 [M]。蘇長和,譯。上海:上海人民出版社,2005。

[8] 塞繆爾·亨廷頓。文明的衝突 [M]。周琪,等譯。北京:新華出版社,2017。

## 家，會消失嗎？

曾有學者針對中國是否應該全面開放生育，而進行了漫長的討論。

是否應該全面放開生育？低生育和高齡化危機的根源是什麼？未來家庭會消失嗎？

本節從經濟學的角度探索低生育、高齡化的本質，以及家庭組織的演變趨勢。

### 01　低生育難題：人口多還是少？

關於生育政策調整的爭論由來已久。支持放開生育的普遍理由是，生育率持續下降，勞動人口減少，可預見人口危機和高齡化危機；反對者則擔心放開生育會引發人口失控，為公共財政帶來負擔，甚至引發社會危機。

其實，不管是支持者還是反對者，都不應將人口數量作為生育政策的決策依據。

從經濟學角度來說，人的自主行為，包括生育、遷徙、投資、就業、學習、創業等，都不應該受到限制。除非這種行為造成了負外部性，如酒駕、謀財害命等。人的行為，是一種經濟行為，是一種基於自利原則的有目的的經濟行為。任何對非外部性行為的限制或扭曲，都會降低經濟效率，造

成社會福利的損失。

如果限制生育,就相當於限制了人的自由行為。生育行為受限,會降低勞動力的自由供給,扭曲勞動力價格。在人口高速成長期,大量的勞動力造就了人口紅利。但當生育率開始下降,社會將面臨一系列問題:年輕勞動力不足,生育率低下,高齡化加劇。所以,經濟學並不支持人口紅利,因為人口紅利,尤其是持續的人口紅利,意味著勞動力供給和價格被扭曲。

限制性生育政策替代了個人的生育決策,導致人口供給曲線的不平滑,人口成長和勞動力供給可能出現斷崖,對經濟社會造成不均衡的「人口脈衝」。

人口負擔論堅持者不相信個人或家庭能夠理性選擇生育。他們擔心,如果生育權不被政策限制,而是回歸家庭,可能引發歷史上反覆出現的人地矛盾危機。

確實,在避孕技術未普及之前,生育行為無法「自主可控」,這就容易造成週期性人口失控,加劇人地矛盾,引發災難、饑荒。

人口限制論、人口負擔論支持者普遍以此殘酷的歷史教訓以及馬爾薩斯古典人口理論為依據。

還有人提出,人口總量必須要干預,因為人是非理性的,生育行為也是非理性的。這裡包含兩個問題:一是人的

行為是不是理性的;二是生育行為是否具有負外部性。

　　首先,需要澄清的是,個體經濟學的學說都建立在經濟人假設前提上,但不能將經濟人與理性混為一談。

　　經濟人以自利為原則行事。自利是主觀的,是「自以為對自己有利」或「自以為利益最大化」,但結果未知或未必。理性並不是前提假設,而是市場優勝劣汰的結果。自由市場的競爭結果回饋的是,越趨於理性的人,存活機率越高、贏面越大,非理性的人則容易被市場淘汰。明白了這一點,我們回到生育行為。生育行為是個人或家庭以自利為原則的經濟行為,它可能是理性的,也可能是非理性的。但是,自由競爭的結果回饋的是,非理性的生育行為會付出巨大的代價,甚至可能被淘汰。每個家庭會根據成本與效用判斷是否生育、何時生育、生幾個以及投入多少養育費用。

　　似乎有人能夠計算出當今世界的最佳人口規模,能夠洞察每個人、每個家庭的最佳生育決策,但人口過剩還是過少,不是某個人、某個機構說了算。在自由生育的環境中,人口多與少是沒有明確標準的,人的素養需要多高是沒有統一標準的。正如自由市場上的礦泉水、泡麵、手機,過剩與否、品質高低是由市場價格來指揮的、個體的效用來判斷的。

　　如果生育行為極為非理性,生而不養,生而不育,未成年犯罪率增加,給社會帶來負擔,這不就是生育的負外部性嗎?

## 02　高齡化陷阱：養老難在哪裡？

我們需要考察：是生育行為產生外部性，還是制度（政策、法令）導致外部性。這種制度包括未成年人保護法、社會保障制度等。

在有效的制度（個人邊際成本等於社會邊際成本）下，個人或家庭的生育行為，像工作、創業、做飯等一切行為一樣都經過成本與效用的考量。每個人都會自覺或不自覺地計算生育成本，同時也享受生育帶來的效用。雖然這種計算未必是理想的，但正當的生育成本及優勝劣汰的結果回饋使人趨於理性生育，因此不會出現集體非理性生育和人口失控。

相反，不合理的制度是導致生育產生負面外部性的根源。所謂不合理的制度，就是生育行為可以占他人、社會的便宜。

比如，1960年代，美國民主黨人詹森總統（Lyndon Baines Johnson）支持平權運動，提出所謂的補償性正義，給予單親黑人家庭提供超額補貼。這種看似正義的政策卻引發了生育行為的外部性。超額補貼扭曲了正常的生育行為，鼓勵黑人未婚生育，導致黑人家庭破裂，湧現大量單親黑人兒童——70%的黑人孩子來自只有母親的單親家庭。

高齡化的問題，也可以透過這樣的方式追溯到社會保障上。

◆ 社會經濟學：就業、科技與社會資源再分配

　　隨著社會經濟的發展，全世界都面臨高齡化帶來的挑戰，最直接的問題就是養老金不足，許多國家的社會保險基金都面臨虧空的問題。

　　很多經濟學家認為，福利制度是社會運動的結果，但缺乏科學依據。這種觀點認為，社會保障制度是對個人行為的不信任，是一種強制儲蓄制度，還是一種容易引發「搭便車」問題的制度。假如一個工人每月繳納 1,000 元社會保險，這 1,000 元交給他個人支配（投資、消費）更有效率，還是交給社會保險基金更有效率？傳統經濟學家支持前者。

　　但是，傳統經濟學家忽略了制度的內生性──制度是個人契約的公共化。他們沒有理解制度本身來源於個人行為，源於個人行為的公共制度對經濟成長是有效率的。

　　皮古開創的福利經濟學，從社會總效用的角度論證福利制度的科學性。這種總量思維是違背經濟學規律的，將福利制度帶入了歧途。能夠論證制度有效的是公共選擇理論。公共選擇理論從「方法論的個人主義」出發，認為公共選擇是所有參與者的個人「政治交換過程」。

　　比如，一個孤島上有甲乙二人，二人出於共同的風險考慮，決定合力搭建木屋，這就形成了甲乙之間的私人契約公共化，也就形成了公共制度：木屋的產權歸屬公共，使用權甲乙均等享有。

再看社會保障制度。社會保障制度最早是由德國建立的，後來歐美國家或地區在平權運動的推動下逐漸建立了完善的社會保障體系。那麼，社會保障制度到底是私人契約的公共化，還是由政府或社會運動主導者建立的？

在歐美國家或地區，由個人或單個運動者主導的制度是難以持續的。例如，平權運動時期，民主黨政府要求美國大學為黑人提供專門的錄取名額。在1978年巴克案中，最高法院認為，對黑人學生實行定額制違憲。此後，這種不合理的福利制度逐漸被大學廢除。

社會保障制度也是個人契約的公共化。如大眾為了規避不確定性風險（失業、生育及生老病死）而決定設立公共基金，這一個人契約的公共化就是社會保障制度。所以，公共制度是所有個體私人契約的公共化。公共制度與經濟學不矛盾，也可以達到自由市場中的柏拉圖最適。

但是，公共制度達到柏拉圖最適的條件極其苛刻，那就是「全體一致原則」，即每個人都有一票否決權。全體一致原則是公共制度導向柏拉圖最適的唯一投票準則。它確保沒有任何一個人的利益受損，即個人邊際成本等於社會邊際成本，也等同於羅爾斯（John Rawls）「無知之幕」（veil of ignorance）[10] 下的正義規則。

---

[10] 羅爾斯在《正義論》（*A Theory of Justice*）中提出的一種思想實驗，當人被「無知之幕」遮蔽時，排除了性別、種族、智力、財富、健康、宗教、道德

不過,「全體一致原則」的組織成本奇高無比,甚至是不可能實現的。所以,很多國家選擇代議制民主和多數票原則。多數票原則定然會出現多數人「欺負」少數人現象,這就構成了效率的部分損失。公共選擇理論將這種損失定義為「政府失靈」。當然,如果按少數人決策原則,少數人占了多數人便宜,「政府失靈」更嚴重。

公共選擇理論表明:公共決策越趨於「全體一致同意」,公共制度效率越高,政府失靈越輕微;越趨於少數人決策,公共制度效率越低,政府失靈越嚴重。

這就是當今世界社會保障問題重重的根本原因。

## 03　弱家庭趨勢:家庭會消失嗎?

全球性的低生育率、高齡化趨勢,為未來的世界經濟蒙上一層陰影。隨著社會觀念的改變,單身、不婚以及頂客族群的增加,人們對家庭這個人類愛之容器的沒落感到擔憂。未來,家庭會消失嗎?

家庭,曾經是一個富有效率和競爭力的經濟組織。

在農耕時代,家庭是計劃生產最重要的主體。受一整套傳統禮教及家庭制度的支配,在家庭這個組織中,洗衣、做

---

觀等任何特徵,只依據一般的理論知識和理性原則,來選擇最有利於自己的正義原則。

飯、耕田、生育、教育、打獵、防衛等一系列活動都有明確的分工。古代家庭的規模也要比今天大，他們以家庭、家族、宗族為單位，聚族而居、合作生產。古代家庭的決策機制主要是家長負責制，具有嚴格的紀律性。

進入工業化社會後，家庭的效率自然比古代更高，但家庭在經濟生產中的中心地位，迅速被自由市場和企業替代。今天，企業是各國財富創造的主體，自由市場是資源配置的核心力量。宗族逐漸解體，家族化整為零，家庭的內部分工與計劃逐漸被瓦解，越來越多女性走出家庭到市場中就業、創業。有些家庭將孩子的撫養、教育、做飯、衛生等工作也外包給了保母、幼教單位。當女性在工作上獲得的邊際效用超過了生育的邊際效用時，家庭生育率就會下降。所以，生育率下降的其中一個外部原因是自由市場和企業對家庭構成競爭。

家庭正在被競爭所改變，但在與企業、自由市場競爭資源時顯得效率不足。這是為什麼？

美國經濟學家彼得·戴蒙德（Peter Diamond）曾提出家庭資源配置的最佳模型——戴蒙德模型，即只有在代際交疊模型中才能達到柏拉圖最佳效率。什麼意思？

例如，家庭有一筆儲蓄，這筆儲蓄是用於父親的企業投資，還是給孩子出國留學，或是給母親安排家庭旅遊，抑或

是給爺爺奶奶、外公外婆購買保險？這筆儲蓄需要在夫妻及多代人中以無差異曲線進行有效配置。

戴蒙德模型告訴我們，家庭是一個完整的有效率的經濟組織，人的預期可以超過個人生命的長度，家庭跨代際配置資源才是具有最佳效率的。

但是，婚姻制度、「生育陷阱」與家庭決策機制，降低了戴蒙德模型預設的最佳效率。

首先從婚姻制度說起，婚姻是家庭的核心。人為什麼要結婚？結婚是一種經濟行為，婚姻制度促成了男女雙方合作，提升了經濟效率與個人效用。

在農耕時代，由於資訊不充分，婚姻多以包辦為主，採取一夫一妻多妾制，可最大限度地降低交易成本和繁衍風險。

現代婚姻是自由婚姻，且採用一夫一妻制。婚姻資源的自由配置大大提升了效率，離婚修正了婚姻資源錯置的風險。為了降低非理性，夫妻雙方會簽訂契約，並受法律保護。

但是，現代婚姻在資源配置上依然會受到各種習俗的影響以及法律重視不足從而降低了效率。更重要的是，現代家庭以夫妻橫軸關係為紐帶，這種夫妻關係是經濟效率的來源。反過來說，婚姻資源配置不當，會降低家庭的經濟效率

（效用）。戴蒙德模型的前提是家庭構成必須是有效的，但是不當的婚姻資源配置不滿足這一條件。

婚姻制度要比企業的僱傭制度、合夥制度效率低。這是家庭效率不如企業的重要原因。

婚姻制度能否改成僱傭制度或合夥制度？

經濟學並不支持這一點。因為婚姻制度下的生育和教育效率（效用），比僱傭制度、合夥制度來得更高。合夥人可以與多人合作生產產品，但婚姻制度不存在這種現象。僱傭關係被解除後，產品與受僱者沒有任何關係。但在婚姻制度下，即便離婚，親子關係也不會發生改變，父母依然承擔對孩子的撫養權。

其次是生育陷阱。

如今世界多國生育率都在下滑，如果生育率繼續下滑，一個個家庭會將悄無聲息地消失。令人費解的是，經濟持續成長，生育率不可逆地下降；經濟蕭條，生育率也下降。即使放開二胎，人們也不增加生育。

這裡需要嚴格區分其成因：

隨著經濟持續成長，家庭尤其是女性收入增加，生育的機會成本也增加，同時受邊際效用遞減規律支配，家庭尤其是女性會主動減少生育數量，轉而提升生育品質。抑或經濟週期性波動，或外溢性風險造成的衰退，生育成本增加，失

業率下降。這兩種生育率下降是自然發生的。

但如果是干預下造成的經濟危機伴隨的生育率下滑,可能導致危險的「生育陷阱」:生育率和生育品質同時下降。這種家庭可能走向一條衰敗沒落之路:家庭人口減少,勞動人口比例下降,高齡化加劇;人口素養難提升,家庭養育負擔沉重,未富先老;離婚率增加,家庭破裂甚至消失。

考慮到長週期的投資風險,這種家庭會降低戴蒙德模型中對未來的投資,尤其是對孩子教育的投資,從而降低了家庭經濟效率,陷入「貧困陷阱」。而走出貧困陷阱的唯一方式是投資未來。即便是中產家庭,他們在這種環境下對孩子教育的大量投入,也是「貧困式」的 —— 實用而缺乏創新。

最後是家庭決策機制。

糟糕而效率低下的家庭決策機制,是現代家庭效率低下的重要原因。

現代家庭採用古代的家長制決策更有效率,還是公共選擇理論中的公共決策更有效率?

理論上,家庭應該採取公共決策的方式更有效率,越民主越有效率,越接近「全體一致原則」越有效率。

但是,這是有爭議的。亞當斯密在《道德情操論》(The Theory of Moral Sentiments)中指出,同情心隨著人際關係的疏離而衰減。在公共決策中,參與者眾多,且多為陌生人。

所以，公共選擇以自利為假設是合理的，其決策也是有效的。如果家庭規模足夠大，以自利為原則的公共決策也是有效的。但是，現代家庭規模小，有的只有夫妻二人，利益相互捆綁，情感融洽，決策權交給更優秀的更有責任感的個人，未必比民主決策效率更低。

家庭經濟學的假設比自由市場、公共選擇更為複雜，這也導致家庭決策機制頗為糟糕。所謂「家家有本難念的經」，小小的家庭決策往往比企業更難，吵得比國會還凶，決策機制低效率的家庭，在社會中會面臨更大的壓力。

人們一直在關注市場效率、企業效率與政府效率，是時候關注家庭的效率了。

家，在與企業、自由市場的殘酷競爭中，在低效制度、生育陷阱及難以提升效率的家庭決策機制中，掙扎、沉淪、消失，身處其中的我們卻渾然不知。

## 參考文獻

[1] 詹姆斯・M. 布坎南。憲則經濟學：人類集體行動機制探索 [M]。韓朝華，譯。北京：中國社會科學出版社，2017。

[2] 詹姆斯·M. 布坎南、戈登·塔洛克。同意的計算：立憲民主的邏輯基礎 [M]。北京：中國社會科學出版社，2000。

[3] 費孝通。鄉土中國 [M]。上海：上海人民出版社，2006。

[4] 亞當斯密。道德情操論 [M]。蔣自強，等譯。北京：商務印書館，1997。

# 大家治學：
# 經濟學思想的
# 流變與方法論創新

治學,「博學之,審問之,慎思之,明辨之,篤行之」。

觀大家治學,如晨鐘暮鼓、拂塵之音,往往雄渾悠遠、激盪人心。

相對其他學科的學者,經濟學家們往往更有趣、入世。他們關注一個麵包、一棵橘子樹的價格變動,也痴迷於絲絲入扣、一絲不苟的邏輯推演。

走近經濟學家,觸碰樂觀、理性的人生之光。

## 薩繆森和他的《經濟學》

「我不在乎誰為一個國家制定法律，誰為它起草條約 —— 只要由我來寫經濟學教科書就行。」

這是保羅・薩繆森（Paul Samuelson）說過的一句驕傲的名言。薩繆森被譽為經濟學最後一位「通才」，過去半個多世紀，他的《經濟學》（*Economics*）教科書幾乎滲透到全球各個主要國家的大學課堂。

但是，有人批評，他將經濟學引入了「窄門」，他的教科書將一代又一代的學生帶入了一種錯誤而痛苦的經濟學正規化。

問題是，薩繆森的影響力已無處不在，各國大學課堂、白宮羅斯福廳、聯準會利率會議上都活躍著薩繆森的思想。薩繆森，猶如一座高峰聳立在經濟學史上和各國總體經濟權力舞臺上。

我們該如何理解薩繆森？

薩繆森自稱是一個折衷主義者，但我們卻看到折衷背後的明顯矛盾。薩繆森對凱因斯主義的詮釋是他獲得經濟成就的重要原因，但是不同時代對凱因斯的評價也限制了對薩繆爾森的評價。美國經濟學家馬丁・布朗芬納（Martin Bronfenbrenner）曾經這樣評價薩繆森的才華：我們只能回到

以前的時代，回到凱因斯和熊彼得的時代去尋找，像薩繆森這樣的經濟學全才。

本節以薩繆森的學術生涯為主線，分析戰後凱因斯主義的發展脈絡以及對今日之影響。

## 01 芝加哥與哈佛

一次世界大戰與大蕭條，這些是保羅‧薩繆森、傅利曼這代人成長的時代背景。1915 年，薩繆森出生在美國印第安納州一個名為加里的小鎮。保羅的父母是東歐猶太人，年輕時便來到美國求學。保羅出生時，父母在加裡鎮經營著一份還不錯的小藥房生意。

薩繆森 8 歲的時候，隨家人搬到了芝加哥，他在這裡度過了中學與大學生涯。在海德公園中學，13 歲的薩繆森勤勉好學，從他的成績單與課外活動來看，這一時期薩繆森對文學和人文科學頗為感興趣，他常常去加裡鎮當地的圖書館翻閱經典文學讀物。他的父親有一本《國富論》，但是他從來沒有碰過。

中學畢業後，年僅 16 歲的薩繆森考上了當地一所小有名氣的院校──芝加哥大學。在這裡，他接受了古典經濟學的薰陶。薩繆森這樣描述自己在經濟學系上的第一堂課：

「在寒冷的 1932 年 1 月 2 日早上 8 點，我就像進入了天

堂,一個屬於我的天堂。我邁進芝加哥大學的一間教室,從此迎來了另一種人生。」

這堂課系社會學教授路易斯·沃斯(Louis Wirth)講授的馬爾薩斯人口成長理論,是社會科學入門課中「工業革命與社會變革」系列的第一講。

1930年代,社會科學是芝加哥大學的一個主要學科。在大學的頭兩年,薩繆森學習的課程主要是社會科學、物理學、生物學以及人文科學,對經濟學的學習則基於社會科學的大框架。一定程度上,這些社會科學的教育訓練了薩繆森如何進行科學研究。

關於經濟學課程,大學期間,薩繆森只專修了「經濟秩序」、「貨幣銀行學」、「經濟理論」,使用的教材也較為傳統,譬如《現代經濟社會》、《經濟學綱要》、《經濟學概要》。這為薩繆森打下了古典經濟學的基礎,但是並沒有對他產生太大的激勵。大二時,薩繆森一度考慮要成為一名社會科學家。

這一時期的芝加哥大學算不上眾星雲集,但是正孕育出一批世界級的經濟學大師。與薩繆森同期的學生裡,還有喬治·史蒂格勒(George Stigler)與密爾頓·傅利曼。有趣的是,這兩人後來成了薩繆森在學術派別上針鋒相對的對手。傅利曼比薩繆森晚到芝加哥大學,斯蒂格勒

是薩繆森的同窗。在芝加哥大學經濟系,保羅·道格拉斯(Paul Douglas)、雅各布·維納(Jacob Viner)、弗蘭克·奈特(Frank Knight)都教授過薩繆森。尤其是奈特,他是20世紀最有影響力的經濟學家之一,他在他的博士論文《風險、不確定性與利潤》(*Risk, Uncertainty, and Profit*)中提出了著名的「企業的利潤來自不確定性」學說。薩繆森多次提及大學時自己將奈特視為「偶像崇拜」,同時也被奈特的自由主義所吸引。

這時芝加哥大學的貨幣學派在理論上尚未興起,不過在教授中顯露雛形。例如芝加哥大學的幾位經濟學家聯合簽署了一本小冊子,提倡全額準備金制度以保證貨幣穩定。這一時期,薩繆森也認同這一倡議,認為假設貨幣供應無變化,美元的價值也不會有變化。再如迪雷克托當時也讓薩繆森留下印象:大蕭條是由關稅造成的。

當然,晚年的薩繆森已經完成了自我革命。他摒棄了在芝加哥大學中接受的一些觀點,在回憶錄中寫道:「就讀芝加哥大學時候,奈特與迪雷克托就把『演繹總比歸納重要』這個錯誤觀念灌輸給自己。」[11]

大四,在維納的經濟理論研究生課程中,薩繆森接觸到了更精深的經濟學。維納以嚴格篩選著稱,研究生聽課時戰

---

[11] 保羅·A.薩繆森。薩繆森自述[M]。呂吉爾,譯。上海:格致出版社,2020。

戰兢兢，旁聽生薩繆森渾然天成融入其中，甚至偶爾能夠指出老師的小錯誤。在大學階段，薩繆森就小有名氣了。

1935 年，薩繆森獲得芝加哥大學學士學位。得益於芝加哥大學科學研究委員會開始推行的一項教育實驗，薩繆森入選專案篩選的全美八名經濟學優秀大學生之一，從而免去了研究生費用。不過這項實驗的條件是不能在大學就讀的學校繼續讀研究所，薩繆森選擇去哈佛。這出於他關於哈佛的一個純真想法，「麻薩諸塞的劍橋，是個寧靜的綠色村莊，正是讀書求知的好地方」。[12]

當時哈佛新校長上任，聘請了一批高知名度教授，希望推動哈佛向一所菁英大學轉變。一批來自歐洲的學者加入了哈佛經濟學系，包括約瑟夫·熊彼得、瓦西里·列昂季耶夫（Wassily Leontief）。

秋天，哈佛開始新學期。薩繆森第一年的經濟理論課程由熊彼得擔任講師，這門課程對於學生的要求很高，閱讀的範圍涉及馬歇爾、維克塞爾（Knut Wicksell）、皮古、龐巴維克（Böhm-Bawerk）、奈特和威克斯蒂德（Philip Wicksteed）等。教授薩繆森期間，熊彼得正在撰寫他的景氣循環論。不過，當熊彼得的這本書正式出版之時，凱因斯的《就業、利息和貨幣的一般理論》（*The General Theory of Employment,*

---

[12] 麥可·森伯格、阿隆·戈特斯曼、拉爾·拉姆拉坦。薩繆森小傳[M]。劉慶林、徐榮麗，譯。北京：人民郵電出版社，2012：22。

*Interest, and Money*，以下簡稱《一般理論》）已經震撼了整個經濟學界，即便是熊彼得的學生，也更為關注凱因斯的理論。

離開哈佛後，熊彼得與薩繆森依然保持著聯絡。熊彼得評價薩繆森是「我們時代最有才華的經濟學家之一」，而薩繆森也十分認可熊彼得的成就，評價「伊麗莎白時代的黃金時代和熊彼得的晚年很契合」。[13]

埃德溫·威爾遜（Edwin Wilson）是物理學家威拉德吉布斯（Willard Gibbs）在耶魯大學的關門弟子，是數學家，也是數理經濟學家，在他開設的數理經濟學研習班上，伯格森、亞歷山大、薩繆森和熊彼得是僅有的四個學生。前三位都僅有20歲，而熊彼得當時已經52歲了。威爾遜讓薩繆森接受數理經濟學的專業訓練，引導他走上了專業的數理思維訓練之路。薩繆森寫道，每節課結束後，他都能和威爾遜談上一個小時。

業餘時間，薩繆森也花了大量時間研究微分方程式、數值分析、應用力學和古典熱力學方面的數學問題。薩繆森意識到，數學模型能夠簡潔明瞭地說明問題，而且這是現代經濟理論的重要特徵。

哈佛求學期間，薩繆森認識了他的髮妻瑪麗恩·克勞福德（Marion Crawford）。兩人同在經濟學院讀書，瑪麗恩後

---

[13] 羅傑·巴克豪斯。薩繆森傳 [M]。姜井勇、柯珊珊，譯。北京：中信出版集團，2020：73。

來也研讀了碩士,成為熊彼得的助理。在薩繆森後期的研究中,瑪麗恩也參與其中,給予了許多幫助。

## 02　凱因斯與漢森

1933年,經濟大蕭條,羅斯福(Franklin Roosevelt)上任後實行了一系列經濟復甦政策,但哈佛大學資深一輩的經濟學家普遍持有悲觀態度。凱因斯的《一般理論》出版不久後,《經濟學季刊》就刊出了哈佛教授如列昂季耶夫、熊彼得的批評文章。熊彼得認為這本書根本沒有提供一般性的理論,根本不科學,經濟學系裡的大多數教授對此也不太認可。

但是,這種新思潮的火苗正在迅速燃起,一些哈佛年輕教員為凱因斯所傾倒。他們在哈佛創立了凱因斯研討會,而薩繆森在這個研討會上讀到了《一般理論》的副本。當時他的老師列昂季耶夫對於《一般理論》持貶低態度,薩繆森最初也有些抗拒。

不過,阿爾文‧漢森(Alvin Hansen)的出現徹底改變了薩繆森的學術思想。1937年,漢森從明尼蘇達大學來到哈佛大學,他很支持凱因斯,這在當時五六十歲以上的經濟學家中是少見的。事實上,後來漢森也成為凱因斯在美國政界學界最重要的支持者。

在漢森主持的財政政策研討會上,兩人漸漸結識和熟悉。這個研討會是哈佛大學凱因斯思想發展的主要陣地,話題涵蓋了公共服務部門的政策問題。包括時任聯準會主席馬里納‧埃克斯(Marriner Eccles)和薩繆森的老師維納都來擔任過演講者。

漢森和薩繆森有著許多共同點:都是新移民、都有人文學科教育基礎、都是普通家庭出身。但是讓兩人一拍即合的是對凱因斯的理解——提供了一條中間路線:兩相融合,既包含對凱因斯的批評,又吸收了凱因斯新理論中有價值的觀點。

當然,漢森並不是凱因斯的美國傳話筒。實際上,漢森沒有使用凱因斯的微觀邏輯,借用的是英國經濟學家希克斯(John Hicks)的分析架構。希克斯是凱因斯主義微觀化解釋的重要人物,他在1937年《計量經濟學》上發表的〈凱因斯和古典經濟學:一個建議性解釋〉,解釋和修正凱因斯主義,說明貨幣對收入的影響。1949年,漢森在《貨幣理論和財政政策》一書中,把財政政策引入希克斯的模型中,形成了IS-LM模型。這一模型成為凱因斯主義的基礎分析架構。

薩繆森在總體經濟學方面的眾多成果都從此模型拓展而來。

早在1939年,薩繆森在老師漢森的研究上發展了乘

數──加速理論。他用一個下午的時間寫完了這篇〈乘數分析與加速原理之間的相互作用〉,引發學界關注。薩繆森在自述中也提到,這篇文章僅僅是在糾正自己導師著述中微不足道的數學錯誤而已,主旨與漢森的模型完全相同,只是更一般化。不過,他學習凱因斯理論的方式,「不是接受凱因斯提出的更一般化的理論,而是將凱因斯的思想融入他從熊彼得、哈伯勒,尤其是漢森那裡學到的現有景氣循環理論中」。後來,薩繆森將乘數──加速原理引入 IS-LM 模型中,用投資與總收入之間的倍數效應來解釋景氣循環、市場失靈;進而解釋政府干預,如財政政策可以修正景氣循環,促進經濟穩定成長。僅從解釋架構來說,薩繆森的「凱因斯主義」與凱因斯的「凱因斯主義」其實是兩回事。

1940 年夏,薩繆森開始準備自己的博士論文《經濟學分析基礎:經濟理論可操作的意義》。這份論文寫得很快,到秋天結束,薩繆森向瑪麗恩口述內容,瑪麗恩代他寫完了初稿。

這正是《經濟學分析基礎》的雛形。他希望引入一種可操作的經濟理論研究方法,而數學是實現這種可能性的重要工具。

很快到了畢業期,威爾遜在幫薩繆森考量去處時有些犯難,薩繆森在數理經濟學領域成績斐然,但這僅是經濟學的

# 薩繆森和他的《經濟學》

一個特定領域，現有的教職很少。由於正值戰時，麻省理工學院的教職空缺，向薩繆森發來了邀請函。當時，哈佛大學已向薩繆森提供了一份年薪 2,500 美元、為期一年「經濟系講師」的工作。經濟系執行委員會召開會議，有人建議向薩繆森提供 5 年的任期，熊彼得甚至威脅如果聘請薩繆森，他就辭職。不過，最終委員會並沒有發出的聘書。此事在當時還引起了部分的討論，多數人認為薩繆森的離開與哈佛的反猶氛圍有關。

威爾遜也與薩繆森就此事溝通過兩次，幫薩繆森分析他在兩個學校的前景。當時的哈佛經濟系收錄了多名經濟學權威，在學術研究上遠遠超越麻省理工，後者只是一所工程系院校，甚至沒有經濟學研究生課程。不過，威爾遜仍然鼓勵薩繆森去麻省理工，這樣或許可以將研究推到新的方向。最終，薩繆森接受了麻省理工年薪 3,000 美元「助理教授」的聘用，從此便留在了麻省理工。

同時期，在老師漢森的指引下，薩繆森開始接觸履職於政府的經濟學家們。二戰後，漢森的合作夥伴勞克林·居里（Lauchlin Currie）為政府招募了大量的經濟學家，漢森此時也為政府做了大量的政策報告，譬如戰時特定產業的稅收、通貨膨脹和戰後的充分就業，薩繆森也參與其中。1941 年，薩繆森加入國家資源規劃委員會，他提議的專案是充分產能

上的消費者需求，需要調查在充分就業情況下人們的購買行為。

當時，羅斯福新政也引起了許多抗議。國家資源規劃委員會出版了漢森的《戰後充分就業》的小冊子，提出了「公共債務不是可怕的東西，而是政府的政策工具」，走上了風口浪尖。保守派往往支持政府財政預算的平衡，認為這會鼓勵政府增加借債，導致經濟崩潰。一位共和黨參議員批評這種財政支出政策有倒向「計劃經濟」的嫌疑。1943年，這種批評達到了頂點。6月，總統決定解散國家資源規劃委員會。

在華盛頓，薩繆森接觸到更多專家、官員，對於政府和現實的參與越來越主動。他主動致信新聞雜誌，批判華盛頓專家的觀點分歧，反駁「正在形成的無端的樂觀主義氣氛」，試圖警告人們在戰後可能出現的失業甚至於危機問題；他也參與了聯準會利率工具的論戰，在學術雜誌上發文提出應該大幅降低利率。這一時期，薩繆森「通才」的特長漸漸成型，既能夠專注數理經濟學研究，又參與政策分析，同時為政府機構撰寫統計和分析報告。

薩繆森在對學生勞倫斯·克萊因（Lawrence Klein）的論文指導中，對凱因斯經濟學的脈絡進行了系統化的分析，最終定義為「凱因斯革命」。1946年，凱因斯去世。薩繆森受

邀撰寫一篇悼文，他的評價也反映了他對凱因斯理論的發展趨於成熟：「《一般理論》充斥著混亂和困惑，組織結構一團糟；但它的確是一部天才之作，分析既明顯又新穎，它的貢獻在於為分析有效需求水準及波動提供了一個相對現實的完整體系。」凱因斯去世後，薩繆森和他的老師、學生們正在開創一個全新的學派。

## 03　新古典與困境

戰爭結束時，薩繆森收到了經濟學院主任雷夫·弗里曼的一份邀約。經濟學是麻省理工學院大三學生的必修課。弗里曼發現，傳統的經濟學課程讓學生們乏味又茫然。他詢問薩繆森是否可以用半個學期寫一本經濟學教材，「忽視你的喜好，盡可能全面和簡短。如果他們喜歡，就證明這是一本優秀的經濟學教科書」。[14]

薩繆森希望經濟學教材能夠給予不同黨派、不同道德立場的人一種盡量簡化、抽象化的科學的經濟分析思維。他配合詳細的個案、簡明的數學圖解讓討論盡可能具體。當然，與過去教材最大的不同之處是，薩繆森劃分了全新的經濟學結構，並且將凱因斯主義視為總體的經濟部分，將傳統經濟學視為個體的經濟部分。這成了經濟學的一種正規化，一種

---

[14] 麥可·森伯格、阿隆·戈特斯曼、拉爾·拉姆拉坦。薩繆森小傳[M]。劉慶林、徐榮麗，譯。北京：人民郵電出版社，2012：133。

令一些經濟學家感到苦惱的正規化。

這本教材在出版時遇到了一些阻礙，視察委員會中的少數人甚至認為薩繆森有社會主義傾向。最終，校長卡爾·康普頓（Karl Compton）出面擔保，這本教材才得以順利出版。

三年後，《經濟學》教材問世，第一版就賣出了12萬本。這本暢銷書至今仍發揮著巨大影響力，餘音裊裊。如今已經出版到19版，被翻譯成40餘種語言。

他的同事羅伯特·索洛（Robert Solow）認為：「保羅的教科書是第一本真正意義上的戰後教科書，因為它代表了戰後經濟學的真實狀況。」同時，隨著教材被多國引入，尤其是在一些面臨經濟轉軌的國家，薩繆森的經濟學思想影響了眾多經濟學者。某種程度上，薩繆森重新定義了人們如何理解經濟學及世界的方式。

《經濟學》成為薩繆森新古典綜合派的重要堡壘。薩繆森在凱因斯理論基礎上與新古典主義結合，最終衍化出新古典綜合派。新古典綜合派提出了現代國家的「混合經濟」之說，即經濟分為國家管理的公共經濟部門和市場主導的私有經濟部門。新古典綜合派，某種程度上是薩繆森自稱「折衷主義」的一種表現。不過，從這一時期到晚年，薩繆森在大眾心目中已經完全站到了凱因斯主義的那邊，他被認為是凱因斯主義的集大成者。

# 薩繆森和他的《經濟學》

1946 年，芝加哥大學向薩繆森拋來橄欖枝，希望他前來就職。薩繆森猶豫很久，但最終回絕了。其後，薩繆森都在麻省理工平靜度過。在這裡，他桃李芬芳，將麻省理工塑造成了美國經濟學大本營，教出了一群未來影響美國學界政界的經濟學家。他的三個研究生助手勞倫斯・克萊因、羅伯特・默頓（Robert Merton）、約瑟夫・史迪格里茲（Joseph Stiglitz）陸續都獲得過諾貝爾經濟學獎。1950、1960 年代，薩繆森在美國經濟學界享受著頗為崇高的地位。

1959 年起，薩繆森開始擔任甘迺迪總統的調查諮詢顧問和經濟顧問，不過為期很短暫。他向甘迺迪（John Kennedy）講述經濟學課程，並提出減稅的建議。人們認為，減稅方案推動了甘迺迪 —— 詹森在任期間的經濟繁榮，從此以後也開啟了凱因斯主義者擔任政府幕僚、進入白宮諮詢顧問委員會的傳統。戰後美國經濟持續穩定繁榮，美國經濟學界將這一功績送給了薩繆森以及他的新古典綜合派。

1970 年，薩繆森被授予諾貝爾經濟學獎，成為第一個獲得該獎的美國人。然而，這是薩繆森學術生涯最後的光榮時刻。當時，美國經濟正在遭遇麻煩，通貨膨脹率居高不下，經濟衰退，失業率上升。過去薩繆森主張的政府干預促進經濟成長的邏輯解釋不通，他的菲利浦曲線也失靈了。

菲利浦曲線最早於 1958 年由經濟學家菲利普（William

Phillips)在一篇論文中提出,他透過對 100 年間英國薪資變化的分析,得出失業率與薪資成長呈負相關的結論。1960年,經薩繆森和索洛論證後,變換為失業率與通貨膨脹率呈負相關關係。而當下,任憑政府如何調節經濟,與高通貨膨脹率如影隨形的仍然是高失業率。

1970 年代停滯性通貨膨脹危機爆發後,薩繆森在總體經濟學上的成就也遭遇嚴峻的挑戰。傅利曼、盧卡斯(Robert Lucas)、薩金特(Thomas Sargent)、拉弗(Arthur Laffer)等經濟學家批判凱因斯式的干預政策引發了停滯性通貨膨脹危機,批判菲利浦曲線以及薩繆森總體經濟學分析存在微觀缺陷——脫離邏輯演繹的數量統計與經驗論證。同時,他們在貨幣、稅收等政策上提供了更好的解決方案。1982 年冬天,隨著雷根改革獲得成功,美國經濟開始復甦,新自由主義崛起,薩繆森的新古典綜合派日漸式微。

據聯準會前主席柏南奇(Ben Bernanke)回憶,他在麻省理工讀研究生的時候,凱因斯主義的名聲已經開始隕落了,至少在學術界是這樣[15]。這時,一批年輕的經濟學家,史丹利・費雪(Stanley Fischer)、史迪格里茲等接過了薩繆森的接力棒,提出新凱因斯主義。他們跳出了希克斯——漢森——薩繆森的分析架構,回到凱因斯當年的薪資黏性與

---

[15] 班・柏南奇。行動的勇氣:金融危機及其餘波回憶錄 [M]。蔣宗強,譯。北京:中信出版集團,2016。

價格的局部角度重新解釋市場失靈。他們認為價格反應遲鈍甚至短期失靈，阻礙了經濟復甦，引發了景氣循環。史迪格里茲還建立了資訊不對稱理論來解釋價格失靈、逆向選擇等問題；阿克洛夫（George Akerlof）、席勒（Robert Shiller）則從非理性假設的角度解釋非理性繁榮與蕭條。薩繆森之後，新凱因斯主義的解釋框架成為主流，為干預政策提供了新的理論支撐。柏南奇正是接受了這套新的解釋框架。

如何評價薩繆森？

對薩繆森的評價總是受限於對凱因斯的評價。而作為一個學者，薩繆森對學術的追求令人敬佩，這位「通才」的研究幾乎涉及經濟學的各個方面。費雪曾這樣評價薩繆森：「薩繆森對經濟理論的幾乎所有方面都做了根本性的貢獻。」其中，包括容易被人忽視的微觀理論的原創性貢獻。

2004年，晚年的薩繆森在一篇文章中提到了一個預言：在中國與美國的貿易深化中，隨著中國產業更新換代，當中國的技術要素不斷進化，美國相對的技術優勢消失時，兩國的貿易往來會發生衝突。這篇文章後來引起了大討論，人們將它稱為「薩繆森式陷阱」。

這一理論很容易被看作貿易保護主義，但其實不是。薩繆森採用的是他在1948年發表的《國際貿易與要素價格均等化》一文中建立的微觀理論——要素價格均等化。

薩繆森曾經說過:「很久之前,我替自己設定了這樣一個宏大的目標——讓自己的原創能力得到別人認可。若要對科學更有用,就要清楚其他科學家在做什麼,並以自己的量子飛躍來推動科學的疆域。」[16]

身為一個折衷主義者,他在個體經濟學上的成就容易被人遺忘,卻在歷史的長河中展現出持久的生命力;他在總體經濟學上的努力總是充滿著爭議,其評價伴隨著經濟的沉浮而有所不同。

薩繆森對當今世界的影響遠遠超出了學術範疇。凱因斯永遠掌握著一個法寶,那就是經濟危機,只要來一場危機,恐懼的人們猶如擁抱強人一樣歡迎凱因斯的回歸。而薩繆森還有兩個法寶,那就是那本經濟學教科書以及麻省理工學派。

薩繆森沒有畏懼世界各國財政與貨幣當局高層的權力,他的教科書以及麻省理工學派,源源不斷地提供人才和候選人,在全球各國央行擔任行長。如今,全球90％的央行行長均為新凱因斯主義者。費雪從麻省理工出來後就先後擔任了以色列行長、世界銀行首席經濟學家及聯準會副主席。他被稱為「央行之父」,是聯準會前主席柏南奇的博士論文導師。

---

[16] 麥可·森伯格、阿隆·戈特斯曼、拉爾·拉姆拉坦。薩繆森小傳[M]。劉慶林、徐榮麗,譯。北京:人民郵電出版社,2012:13。

薩繆森和他的《經濟學》

薩繆森畢生的學術成就以及其在學界政界難以撼動的遺產，給當下經濟學以及各國總體經濟政策設定了一座不易攀越的殘酷的高峰，並留下了一片巨大的陰影。經濟學家無法迴避它、移除它，唯有攀越它，才能瞥見世界經濟在學術上的遠方。

# 經濟思想：
# 技術革命與資料主權的新時代

　　思潮絡繹不絕，觀點川流不息。在以思想為商品的無形「市集」中，「消費」更便捷，也更複雜。那些似是而非的「真理」、演算法助長的資訊繭房，似野草般瘋長。

　　思想拂塵，文明進化，本就是一個個自我與人性低點的一場漫長競賽。但我們不得不思考：思想市場交易的干預邊界在哪裡？如何確保制度有效、監督不缺席？

　　正如約翰・米爾頓（John Milton）所言：「讓她（真理）與謬誤交鋒吧，誰看見在自由而公開的交戰中，真理會敗下陣來？」

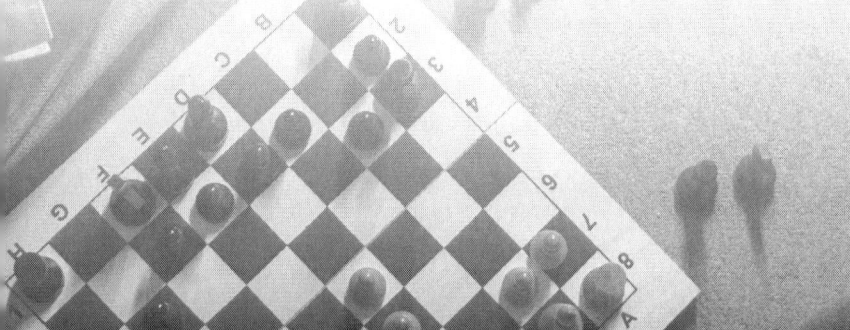

◆ 經濟思想：技術革命與資料主權的新時代

## 資料特權、資料產權與資料主權

本節分別探討資料特權、資料產權與資料主權。

## 01　資料特權

2011 年，大數據科學家維克多・麥爾-荀伯格（Viktor Mayer-Schönberger）在其著作《大數據》（*Big Data*）中提出「讓數據主宰一切的隱憂」。他明確地說：「危險不再是隱私的洩漏，而是被預知的可能性。」

此書雖語出驚人，但如今的世界正在實現麥爾-荀伯格的預言，只是主宰一切的並非是資料，而是資料的掌控者。

資料是一種資源，也是一種權力。誰掌握了全民資料，誰便掌握了這項「預知」特權，從而支配思想，攫取財富。

對思想的支配，可以用一個詞概括——「資訊繭房」。2006 年哈佛大學教授凱斯・桑斯坦（Cass Sunstein）在他的《資訊烏托邦》（*Infotopia*）中提出了資訊繭房的概念。桑斯坦指出，在資訊傳播中，大眾所接觸的資訊是有限的，會選擇自己最感興趣的資訊，久而久之，會將自身桎梏於像蠶繭一般的「繭房」中。

在古代，原始村落是一個個資訊孤島，是一個個天然的資訊繭房。而資訊繭房的締造者，並不是高山、河流、密林

和野獸,而是國王。國王實施集權政治統治並建立了一套完整的國家機器來控制人的思想與言行。

進入近代社會,報紙、電報、電視相繼問世,資訊權落到少數人手上。世紀交替的時代,網路打破資訊孤島,自媒體「逆襲」生長。人們認為自己置身於資訊的海洋中掌控了資訊主宰權,哪知道自己早已身處資訊繭房之內。網路商業機構藉助演算法悄無聲息地「奪權」,為每一個人都量身打造了一個資訊繭房。

美國反科技「狂人」希爾多・卡辛斯基(Theodore Kaczynski)曾在《論工業社會及其未來》(*Industrial Society and Its Future*)一書中發出警告:「工業化時代的人類,如果不是直接被高智慧化的機器控制,就是被機器背後的少數菁英所控制。」

在大數據時代,你以為自己擁抱了知識的海洋,其實是技術菁英為你量身打造的深井,而我們每天都在「回音壁」中反覆地收聽那悅耳的音符。在資訊繭房中,偏見盛行,因為資訊繭房促使邏輯形式化,思維簡單化,認知標籤化,理論特殊化,人愈加封閉、自我。再看攫取財富。個人在網路平臺上形成的資料,經過演算法分析後,具有預測性功能。隱蔽在使用者內心深處的欲望、需求、情緒、情感都可能被演算法洞悉,平臺可藉此預測個人需求,推送不同資訊,引導特別消費,實施價格歧視。

◆ 經濟思想:技術革命與資料主權的新時代

　　有人說,演算法行銷沒什麼不好,它比我自己還了解自己,滿足我的個人化需求。但是,當你發現被「大數據殺熟」後,自然就會反對這種演算法行銷。

　　問題出在哪裡?問題就出在平臺掌握並濫用了使用者的個人資料。

　　所謂大數據殺熟,是一種最高級別的價格歧視,即同一商品針對不同的買家採用不同的價格。在交易中,掌握充分資訊的一方對資訊貧乏一方構成議價優勢。雙方在博弈時一般會想方設法隱藏一些關鍵資訊,同時試圖獲取對方的資訊。通常雙方獲取的資訊不會差距太大,企業做不到大數據殺熟。但是,在網路上,平臺掌握了充分的資訊,有條件對使用者實施大數據殺熟。

　　有什麼危害?

　　平臺無償地控制使用者資訊,進行大數據殺熟,能夠剝奪消費者剩餘,最大限度地攫取社會財富。

　　這裡,我需要引入一個經濟學概念,即英國經濟學家馬歇爾在西元 1890 年《經濟學原理》中提出來的消費者剩餘。所謂消費者剩餘,是指消費者在購買一定數量的某種商品時願意支付的最高總價格和實際支付的總價格之間的差額。什麼意思?

　　之所以會發生交易,不是因為等價交換,而是溢價交

換。張三用一個蘋果與李四交換一根香蕉。張三吃膩了蘋果，此時他認為香蕉更好吃。對張三來說，一根香蕉帶來的邊際效用（邊際價值）大於一個蘋果。對李四來說，則恰好相反。如此，二人交換，都得到了好處，皆大歡喜。這就是自由交易增進效用、增加財富的邏輯。

這個好處就是消費者剩餘。比如，這個商品標價 3,000 元，你願意支付的最高價格是 3,500 元，那麼多出來的 500 元就是消費者剩餘。注意，消費者剩餘不是心理財富，而是真實的財富。交易帶來財富增加，這增加的財富正是消費者剩餘。

平臺掌握了每一個使用者的資料，對每一個使用者都索取了其願意支付的最高或較高的價格，從而賺取了所有使用者的全部消費者剩餘或大部分消費者剩餘。比如，平臺透過你的購買紀錄辨識出你是一位高淨值使用者，然後針對你的偏好調高商品價格。又如，當你急於購買機票出行時，平臺辨識到你急切的需求，然後針對你整體調高就近班次的機票價格，你只能無奈接受（換平臺可否？下面討論）。

這裡有一份研究資料。美國布蘭迪斯大學經濟學系助理教授班傑明・席勒（Benjamin Shiller），針對 Netflix 的研究發現，採用傳統人口統計資料的個性化定價方法，可以使 Netflix 增加 0.3％的利潤，但根據使用者網路瀏覽紀錄，運

用機器學習技術,來估算使用者願意支付的最高價格,可以使 Netflix 的利潤增加 14.55%。

可見,網路平臺可以透過掌控使用者資料而最大限度地收割消費者剩餘,最大化地攫取使用者財富。

## 02 資料產權

到這裡,要消除兩個失誤:

一是問題在於平臺占有和濫用使用者資料,而不是消息推送、演算法行銷和定價策略。

每個企業及個人都可以想方設法獲取各類資訊,實施不同的定價策略和互動策略。在一個自由公平的競爭環境下,不會出現資訊壟斷和大數據差別定價。獲取資訊和價格競爭是企業爭勝的手段,也是經濟成長的動力所在。每個人都在想方設法地收集更多更有效的資訊,公司會將大量的市場資訊整合成有效的資料統計,股市操盤手每天都要蒐集大量的價格資訊及產業資訊。

但是,所收集的資訊必須是公共資訊,而非私人資訊。比如,你可以在大街上統計多少人穿 Nike 運動鞋,但是不能侵入私人家中窺探。你可以在股票市場上統計價量資訊,但不能侵入私人帳戶竊取資訊。你可以統計多少男人或女人進店,但是不能跟蹤偷拍某個客戶或每一個客戶的購買

行為。個人資料有其明確的產權歸屬，網路平臺占有並濫用個人資料——建立在資料之上的一切競爭策略都缺乏正當性。

二是靠競爭和技術無法解決所有問題，需要藉助法律（制度）的正當性。

有人提出，消費者可以用腳投票來躲避大數據殺熟。實際上，使用者走到哪個平臺，哪個平臺都具備大數據殺熟的條件，因為使用者資料均被平臺掌握。當大數據殺熟被人人喊打後，會不會有平臺放棄使用者資料，拒絕大數據殺熟？定然會有，有些平臺會利用區塊鏈技術，達成資料私有化。但是，技術是中性的，平臺也可以利用區塊鏈技術追蹤個人資料，實施更加隱祕的演算法控制。

自由競爭與技術應用，不能離開公正的制度約束。公正的制度根本上不是來自大多數原則，而是人的行為正當性。網路平臺的關鍵問題，不是市場支配地位和大額補貼，也不是資本氾濫和無序擴張，而是壟斷和濫用個人資料這項不當行為。

可是，在資訊時代，資料產權歸屬是一個尚未解決的關鍵問題。法學家可以藉助經濟學的產權理論來界定資料產權歸屬的正當性。

那麼，資料產權到底歸誰？

◆ 經濟思想：技術革命與資料主權的新時代

有人使用寇斯定理來解答，即在交易成本為零或足夠低的情況下，不管資源最初的主人是誰，資源都同樣會流到價值最高的用途上。通俗點說就是：「誰用得好就歸誰。」其實，用寇斯定理解釋產權問題，是對寇斯定理最大的誤解。羅納德・寇斯所表達的是柏拉圖最適效率狀態，並不是說初始產權的界定不重要。而法與經濟學家理察・波斯納（Richard Posner）在《法律的經濟學分析》（*Economic Analysis of Law*）中，則吸收了功利主義思想來界定初始產權。

這裡，我引入更加純粹的奧地利學派學者穆瑞・羅斯巴德（Murray Rothbard）的產權理論。羅斯巴德的一些言論雖然比較極端，但其從自然法的角度重塑產權的邏輯，更加透徹，且更具正當性。羅斯巴德從人權角度出發討論財產權，他說：「財產只能發生在人的身上，因此，他們的財產權利就是屬於人的權利。」

我們個人的生命及身體所衍生、產生的「財產」，如言論、設計稿件以及勞動成果，很自然也屬於我們個人所有。

由此我們推演到資料產權上，言論是一種資訊，也是一種資料。這種資料的產權，從人權中衍生出來，因而歸屬個人。同時，我們個人生命與身體資訊，如臉部資料，以及由生命與身體衍生出的資料，如足跡、手印、個人身分等，均歸屬個人。

個人的指紋、臉部資訊,以及「足跡」資料,不能被平臺及任何人隨意收集和濫用。這裡主要講「足跡」,我們逛超市走到哪裡、拿了什麼物品,都會留下「足跡」;同理,我們在網路平臺上購物、叫車、搜尋,也會留下「足跡」。這些「足跡」歸屬個人所有,超市和網路平臺不能偷拍、偷錄和收集。要注意,網路平臺大量蒐集的個人資料便是該類非結構性資料。

在交易中,為了降低交易成本,增加安全性和信任感,我們會「讓渡」出一部分個人資訊,如住酒店登記身分證,搭機臉部辨識安檢。對方雖然收集了個人資料,但這些資料的產權依然歸屬個人。而且,所提供的個人資訊僅限本次交易使用,未經當事人允許不得另作他用。比如我們簽署合約時所附的個人身分證影本都會註明「僅限於本合約」或「影印無效」。又如,超市和網路平臺出於公共安全的考慮實施必要的廣義的監視,超市的監視器監看竊盜和火災,網路平臺演算法監視毒品、色情和槍支交易。這也是使用者「讓渡」了部分個人資訊以換取更加安全的交易環境。

接下來是交易產生的資料。交易產生的資料,比如交易價格、交易數量、付款週期及合約資訊,不一定是個人單獨創造的,而可能是交易雙方或多方共同創造的。比如在網路平臺叫車,這筆交易會產生價格、時間、線路等資料,這些資料由叫車者、接單司機和平臺合作產生。那麼,交易產生

的資料歸誰所有？

按照上文羅斯巴德的邏輯，交易產生的資料歸屬交易雙方或參與多方共同所有。這類資料的處理比較靈活，通常由雙方或多方約定。比如一家公司獲得一筆鉅額投資，交易雙方可能選擇公開具體交易資訊，試圖引起市場的關注。通常，為了降低交易成本，很多人願意公開價格，但不公開交易個人資訊。比如，在股票交易市場，我們可以看到每一筆交易的價格，但是無法知曉交易對象及更多個人資訊。

關鍵問題來了，網路平臺共享交易資料的產權，是否可以隨意使用該交易資料？

交易資料產生於當下交易，也僅限於用於當下交易與描述性統計——經營和財務資料統計。所謂描述性統計，是指網路平臺可以統計交易資料做銷售預測，如本月商品銷量上升，需要備多少貨。但是，沒有個人授權或多方協商一致同意，網路平臺不得將某次交易資料另作他用，例如進行演算法行銷。

有個真實案例，美國有一名男子闖入一家 Target 店鋪，對著經理大吼：「你們竟然發嬰兒尿布和推車的優惠券給我 17 歲的女兒，她才 17 歲啊！」一頭霧水的店鋪經理連忙向對方道歉。但一個月後，該男子發現女兒的確懷孕了。事實上，是 Target 採用了一套資料探勘系統來實施演算法行銷。

他女兒曾在 Target 店鋪購買了與懷孕相關的產品，Target 使用了這次交易的資料為其建立了一個孕期演算法推銷，以及未來幾年的嬰幼兒演算法推銷。

這個案例的問題在哪裡？主要是孕婦的一次交易資料，在沒有其授權的情況下被商家另作他用。如果個人資料被禁止獲取，以及交易資料被限制使用，那麼網路平臺像線下店鋪一樣很難進行資料侵占和大數據殺熟。

從自然法的角度去界定資料產權，邏輯會更加清晰。如今的網路技術完全可以實現資料產權私有化，個人資料可以儲存在使用者個人手機、汽車或雲端。只要不收集非結構性資料，個人資料量並不大，個人可以選擇刪除，也可以購買空間儲存。對此，建議政府單位可以依據資料產權歸屬的正當性，發表法律確定資料產權。

## 03　資料主權

過去，資料問題一直停留在個人隱私與大數據殺熟方面，但近年來有部分上升到了國家安全層面。如今，大型網路平臺公司及大型科技企業掌握了「全民」資料，它們出海融資，進行全球貿易，很可能觸發資料對外洩漏，捲入國家利益的角逐中。

2020 年，川普政府曾以 TikTok 和 Wechat 涉嫌將美國

◆ 經濟思想：技術革命與資料主權的新時代

使用者包括聯邦工作人員的個人資訊，如網路位置資訊、瀏覽和搜尋資訊等未經許可對外傳送，可能損害美國國家安全為由，禁止了這兩款產品在美國的使用。

歐盟也對 Google、Facebook 等美國大型企業大打出手，常常以反壟斷之名嚴懲它們。同時，歐洲透過了《一般資料保護規則》(*GDPR*)來保護個人資料，來減少大型科技企業濫用歐洲人的私人資料。

美國國際政治學家小約瑟夫・奈伊（Joseph Nye, Jr.）曾在《理解國際衝突：理論與歷史》第八章中談到資訊與國家權力問題，他預言，一場資訊革命正在改變世界政治，處於資訊技術領先地位的國家可獲取更大的權力，相應的，資訊技術相對落後的國家則會失去很多權力。

在全球民族主義、國家主義和民粹主義大勢下，資料主權（資訊主權）會迅速升溫，成為國家間鬥爭與博弈的「新戰場」。

如何改變？

所謂國家主權，是國民透過集體行動讓渡部分個人權利形成的公權力，而全球化的過程又是國家主權不斷對外讓渡的過程。二戰後，經濟全球化浪潮迭起，很多國家都難以避免地介入到全球化之中，或多或少地讓渡了一些主權，如關稅、財政、貨幣及關鍵資源政策等。資料主權是國民讓渡部

分資料私權形成的資料公權力。但資料主權的強化以及競爭的升溫，是一條相反的道路。

近 300 多年來，全球化自由市場是一條通往繁榮與和平之路，而自由市場的重要前提之一便是明確國民個人產權。國民個人產權對國家衝突的抑制有其可靠的邏輯：

一是國民享有產權分散了權力與資源，避免了集中化風險。

無論是古代戰爭，還是近代世界大戰，都是國民經濟力量集中化的結果。如果所有公司股權國家化，所有家庭房產國家化，原本屬於個人間的國際貿易就會變成國家行為，充滿著國家意志。國際市場上個人之間的股權交易、房產交易，卻是極為普遍與和平的。

如今，全世界的資料主權競爭面臨的最大挑戰是，個人資料掌握在網路平臺及大公司手上。這股集中化的資料力量，無法像個人資料一樣分散風險，相反容易觸發國家間的資料主權衝突。比如，Facebook、Google 等掌控著歐洲使用者的資料，這些平臺是否利用流量分發模式，干擾資訊流通和檢索，進而影響歐洲國家的大選及其民主政治？儘管我們很難證實這種可能性，但這並不重要。

二是國民享有個人資料具有正當性，同時還具備經濟效率。

◆ 經濟思想：技術革命與資料主權的新時代

上述羅斯巴德用自然法闡述了個人產權的正當性，而個人產權的激勵性，也正來源於其正當性。正當性才是經濟效率之源。換言之，正當性比經濟學堅持的功利主義更為根本。

亞當斯密的論述往往容易被人忽略：「每個政府體系的首要目的都是維護正義，以阻止某些社會成員侵害他人財產，或者奪取不屬於他們的東西。這一目的就是讓每個人可以安全和平地擁有自己的財產。」

如今全球大型科技企業無償地壟斷了個人資料，抑制了個人資料的交易，降低了經濟效率。沒有個人資料產權，就沒有資料交易市場。原本，全球化的資料交易市場，以及縱橫交錯的分工與合作關係，是抑制國家資料主權鬥爭的民間力量。雖然歐洲的 GDPR 在個人資料保護基礎上建立了極高的標準，某種程度上可以抑制美國大型網路公司對歐洲個人資料的濫用，但是這一法案並未明確資料的個人產權歸屬。

二戰以後，世界走向繁榮與和平的另外一條可靠經驗是有效的全球治理。但是，目前全球化秩序正在遭遇灰暗時刻，資料主權鬥爭也因此升溫。比如歐洲國家對資料實施分類管理，德國要求大型跨國科技公司的電信的詮釋資料儲存在用戶端，法國要求醫療和通訊資料禁止傳輸出境，而對未

禁資料開放國際交易與合作,澳洲實施《個人控制的電子保健紀錄系統參加協議書》(*Participation Agreement. Personally Controlled Electronic Health Record System*)禁止可辨識個人身分的健康資料向境外輸出。

所以,即便在資料個人產權時代,國家資料主權的有效行使依然重要。如今,資料集中化、壟斷化,加大了資料主權的風險。國家需要立法禁止個人健康資料、生物資料、遺傳資料外流,防止被不當使用。

## 參考文獻

[1] 維克托・邁爾・麥爾-荀伯格。大數據時代 [M]。周濤,譯。杭州:浙江人民出版社,2012。

[2] 阿爾弗雷德・馬歇爾。經濟學原理 [M]。廉運傑,譯。北京:華夏出版社,2005。

[3] 穆瑞・羅斯巴德。自由的倫理 [M]。呂炳斌、周欣、韓永強,等譯。上海:復旦大學出版社,2008。

[4] 小約瑟夫・奈。理解國際衝突:理論與歷史 [M]。張小明,譯。上海:上海人民出版社,2005。

[5] 坎南。亞當斯密關於法律、警察、歲入及軍備的演講 [M]。陳福生、陳振驊,譯。北京:商務印書館,1962。

[6] 亞當斯密。國富論 [M]。郭大力,等譯。北京:商務印書館,2015。

# 資訊技術與經濟引擎

在經歷 2022 年大通貨膨脹後,衰退又成為 2023 年全球總體經濟的基本預期。

實際上,自 2008 年金融危機以來,衰退、通貨膨脹、停滯、風險便成了世界經濟的長期主旋律。經濟成長的技術動力消失了嗎?

1970 年代,美國掀起了一股資訊浪潮,資訊技術方興未艾,各國均分享了這場技術盛宴。不過,半個世紀後再來看,這場技術革命對經濟的推動似乎低於市場預期。而從 2008 年起,全球經濟掉入長期低成長陷阱,通貨膨脹、債務和資產泡沫危機如幽靈般纏繞。

難道世界真如泰勒‧柯文(Tyler Cowen)在《大停滯》中所描述的那樣,「低垂的果實」已被摘取,將長期停滯在「科技的高原」上?資訊技術革命成果是否被高估?第三次技術革命是否尚未到來,何時到來?

本節從經濟學的角度探討資訊技術與經濟成長之間的關係。

◆ 經濟思想：技術革命與資料主權的新時代

## 01　生產力悖論：
## 　　資訊技術革命成果是否被高估？

1980 年代末，美國一位名叫查斯曼的學者調查了 292 個企業，結果發現了一個奇怪的現象：這些企業的 IT 投資和投資報酬率（ROI）之間沒有明顯的關聯。

1987 年，經濟學家羅伯特・索洛在《紐約時報》的一篇文章中寫了這麼一句話：「我們到處都看得見電腦，就是在生產率統計方面卻看不見電腦。」(computers everywhere except in the productivity statistics.) 他說：「IT 產業無處不在，而它對生產率的推動作用卻微乎其微。」當年，索洛獲得諾貝爾經濟學獎，人們開始關注這種現象，並將其稱為「生產力悖論」，或叫 IT「生產率悖論」(IT productivity paradox)。

索洛是一位在經濟成長理論領域具有開創性貢獻的經濟學家。1956～1957 年，索洛在其發表的論文中提出了新的成長模型。他的模型發現了經濟系統中存在一些無法解釋的成長部分，該部分不是來自勞動力和資本的投入，而是來自技術進步。這個發現為經濟學界解釋經濟成長打開了另外一扇窗戶。

技術進步這部分成長被稱為索洛殘差，索洛成長模型也成為標準的新古典主義模型。該模型使用的是 1909～1949 年美國的資料，也可以解釋 1950、1960 年代日本和德國的

## 資訊技術與經濟引擎

經濟成長。但是,這樣一位解釋經濟成長的權威經濟學家,卻懷疑電腦帶來的生產效率。

1997 年,摩根史坦利首席經濟學家史蒂芬·羅奇,為了研究美國 1973 年以來生產率下降的問題,對 1977 年到 1984 年期間的資料進行了分析。結果發現,這個時期,美國營企業業大量的電腦設施投資並沒有帶來生產率的提升。

生產效率,這個指標不完美,它可能無法評估環境損失、心理健康和非貨幣經濟,但它還是一個可靠的指標。通常,技術進步推動生產效率的提升,生產效率的提升又促進社會消費福利的增加。

這裡使用勞動生產效率這個指標,它反映的是人均單位產出。看具體的資料:1947 ～ 1983 年美國平均勞動生產率為 2.8%,但是電腦和網路大規模普及之後的 2000 ～ 2007 年,美國平均勞動生產率下降到 2.6%。進入行動網路、智慧手機、物聯網時代的 2007 ～ 2014 年,美國平均勞動生產率更是下降到 1.3%。實際上,2008 年金融危機之後到 2017 年之間,美國的年化勞動成長率只有 0.7%。

對資訊技術革命持懷疑態度的,還有一位著名經濟學家,那就是美國西北大學的羅伯特·高登。高登認為資訊技術被高估,並據此判斷,2008 年金融危機之後,全球經濟復甦艱難的原因之一是全球生產率下降。更重要的是,全球

生產率減速有可能是長期趨勢,將大大降低全球經濟中長期成長水準。這就引發了人們對全球經濟長期停滯的擔憂。

這種現象讓人感到奇怪。「生產力悖論」似乎不符合我們的常識和直覺,資訊技術革命為何沒能持續帶來經濟高速成長?

特里普利特等學者做了很多研究,試圖解釋「生產力悖論」。歸納起來有這麼幾個方面:一是測量方法有問題;二是當時電腦產業還太小;三是技術應用的時滯問題;四是資訊技術管理不當;五是資訊技術只是替換了勞動力,沒有推動生產函數曲線移動;六是資訊技術製造了技術性失業;七是「摩爾定律」[17]讓生產率指標失效。

關於第七點,很多 IT 人士和一些經濟學者持有這種觀點,他們認為資訊技術帶來的效率不能被傳統的經濟學統計方法所發現,會出現遺漏。比如,在摩爾定律的作用下,智慧手機比當年的「大哥大」行動電話更高效、更便宜。網路上的搜尋引擎、社交工具是免費的,它的效率沒有被統計。同時,網路還出現了共享汽車等非貨幣經濟,沒有納入增加值的統計。

不過,第七點也很容易被反駁。

首先,資訊產業催生了一些新業態、新就業,可能存在

---

[17] 戈登‧摩爾提出的定律,指積體電路上可容納的元裝置的數目,每隔 18～24 個月便會增加一倍,效能也將提升一倍。

統計遺漏。經濟成長透過新技術降低成本或提升性價比，創造有效供給，進而擴大需求和經濟產出。比如，智慧手機比「大哥大」行動電話更便宜、更高效，它擴大了需求，而今天智慧手機產業的產值與市值比1990年代大得多。其次，同樣的道理，免費的搜尋引擎、社交工具為經濟系統提供了便利，也增加了經濟產值。比如，微信幫助騰訊擴大了產值，使用微信的人提升了工作效率從而擴大了企業產值。所以，「摩爾定律」和免費經濟帶來的生產效率提升是容易被測量和統計的。另外，資訊技術只會擴大貨幣經濟，而不是縮小貨幣經濟。比如，銀行和網路支付系統大大提升了支付效率，使現金支付和以物易物大規模消失。

前些年，泰勒·柯文寫了一本書叫《大停滯》(*The Great Stagnation*)，他用「低垂的果實」來解釋美國經濟「大停滯」。柯文發現，與1947年相比，1973年美國的中等家庭收入翻了一倍，達到4.4萬美元。但是31年後的2004年，只有5.4萬美元，成長不足22%。柯文把這種現象稱為「大停滯」。

他認為停滯的原因是「低垂的果實」沒有了。比如，17世紀以來，屬於美國的「低垂的果實」是閒置的土地資源。但在過去的40年，「低垂的果實」開始消失，他認為美國人普遍沒有意識到，美國停滯在了科技的高原上，而樹枝幾乎已然光禿。

泰勒・柯文的比喻很生動，但是屬於古典主義的技術外生性思維。古典主義認為經濟成長來自勞動和資本的累積，而技術是外來因素。但是，如果沒有新技術和新制度，過去幾千年來富餘的土地、勞動力以及那些所謂的「低垂的果實」也只能白白浪費。所以，根本上說是新技術和新制度激發了勞動和資本的價值。

根據技術內生理論，對人力資本的投資可以促進技術進步，進而推動經濟成長。因此，我們可以沿著內生成長的思路向下探索。

## 02　抵消效應：生產率提升還是降低？

所幸的是，美國經濟學家戴爾・喬根森（Dale Jorgenson）的扎實研究取得令人欣慰的成果，從而為電腦、網路和資訊產業正名。

首先，喬根森發現，電腦價格的下降促進了電腦的投資增加。1958～1992年美國總投資的年均成長率為3.82%，而電腦投資的年均成長率為44.34%。電腦服務價格每年下降23.22%，但可比較的服務投入則年均成長52.82%。

其次，喬根森建構了資訊技術時代資本與勞動投入的不變品質指數，發現1990年後資訊技術投資對經濟成長的貢獻越來越重要。1948～1999年，美國經濟年均成長

3.46%，資訊技術貢獻了 0.4%，貢獻率為 11.5%。1990～1995 年，經濟年均成長率為 2.36%，資訊技術的貢獻達到 0.57 個百分點，貢獻率超過 24%。1995～1999 年，美國經濟年均成長率為 4.08%，資訊技術的貢獻達到 1.18 個百分點，貢獻率達 29%。喬根森等研究還發現，1995～2001 年美國勞動生產率年均成長 2.02%，而資訊技術資本投資貢獻了近 0.85 個百分點，貢獻率為 42%。

最後，喬根森等分析了 1960～2005 年美國 85 個產業的產出、投入和生產率成長情況。他們把美國產業分為 4 個 IT 產業、28 個 IT 使用產業以及 53 個非 IT 使用產業，嘗試在產業層面理解美國的生產率成長。

研究發現，2000～2005 年資訊技術資本對美國經濟成長的貢獻主要展現在 28 個 IT 使用產業中的 8 個產業，包括銀行、保險、貿易等。這些產業大規模使用 IT 裝置與網路，大大降低了成本。喬根森也發現，1995～2000 年四大資訊技術製造業（電腦與辦公裝置、電腦服務、電子零件、通訊裝置）僅占 GDP 總量的 3%，卻為 GDP 成長做出了 25% 的貢獻。2000～2006 年美國生產率成長的主要驅動力也來自金融、零售、製造業等產業，這些產業對資訊技術的投資力度很大。

喬根森還採用 1975～2003 年資料研究了日本經濟：日

◆ 經濟思想：技術革命與資料主權的新時代

本經濟在 1990 年代是否從資訊技術的進步中獲益？他發現日本 1990 年代後半期 IT 投資迅速成長提升了勞動生產率。

從喬根森的研究中可以看出，資訊技術投資確實地促進了相關產業成長和勞動生產率的提升。但是，為什麼還會存在「生產力悖論」？為什麼世界經濟在 2008 年後出現「大停滯」？

我認為有一點不能忽視：抵消效應。生產效率，被很多因素影響，比如技術創新、貨幣和財政政策、經景氣循環、人口高齡化、地緣政治危機和戰爭、資本轉移和技術擴散等。但是，實證研究假定其他因素不變，只考察資訊技術與生產率的因果關係。這是方法論的問題。事實上，資訊技術帶來的生產效率，可能被其他因素帶來的負面作用所抵消。

比如，1970 年代美國勞動生產率開始下降，這與 1971 年布列敦森林體系崩潰有關，還與世界石油危機、聯準會失準的貨幣政策以及持續的高度通貨膨脹有關。又如，1990 年代之後的日本，電腦和網路大規模普及，但是，經濟泡沫崩潰導致大量企業破產，家庭資產負債表衰退，同時再加上人口高齡化加速，日本經濟持續低迷。再如，2008 年之後的經濟停滯，可能是國際金融危機以及不當的貨幣政策，抵消了資訊技術帶來的勞動生產率的提升。

淺顯地來說，有人拖了資訊技術進步的後腿。誰拖了後

腿?想要找到阻礙經濟成長的因素並不容易,經濟學家常常「誤傷友軍」。

1930 年代經濟大蕭條期間,人們很悲觀,經濟學家凱恩斯發表了一份演講稿,題為〈我們後代的經濟前景〉(Economic Possibilities for Our Grandchildren)。凱因斯是樂觀的,他認為技術進步給經濟帶來快速的變化和節奏,並且預言,生產率和生活水準將在一個世紀的時間裡提升 4～8 倍。後來,這個預言在西歐基本上被實現了。但是,他在文章中也提出了一些擔憂,他說,生產效率的提升也相應帶來各式各樣有待解決的問題,比如「技術性失業」現象。這就是「凱因斯生產力悖論」。在《一般理論》出版後,凱因斯在他的「擔憂」上增加了收入分配問題。後來,羅賓遜夫人(Joan Robinson)、斯拉法(Piero Sraffa)等經濟學家繼承了這個觀點,認為收入分配問題反噬了經濟成長。

根據世界銀行的資料,美國收入最低的 20% 的居民的收入比重,從 1979 年的 6.5%,降到 1986 年的 5.6%,2018 年進一步下降到 5.2%。

問題是,上述資料反映的美國貧富差距擴大化,到底是自由市場、金融自由化、資訊技術進步等合意因素帶來的,還是有缺陷的經濟制度、失當的貨幣政策等非合意因素造成的?

◆ 經濟思想：技術革命與資料主權的新時代

對此，經濟學家爭論不休。喬治梅森大學教授泰勒・柯文，他與羅伯特・高登一樣，也是研究「經濟停滯」的經濟學家。柯文在 2011 年發表文章認為，早期的技術進步更具有分享性，後來的技術進步則更偏於提升資本收益，缺乏包容性和分享性，因而導致收入差距擴大和貧富分化，由此產生了一系列不利於經濟成長的因素。

麻省理工學院經濟學教授達龍・阿傑姆奧盧（Daron Acemoglu）在 2014 年發表了一篇名為〈生產力悖論的回歸〉的文章，他發現了三種現象：第一種現象是如今生產率的統計中處處有電腦（新技術）的作用，也就是說索洛的「生產力悖論」似乎不存在；第二種現象是電腦等新技術替代了勞動力，導致了就業障礙增加，勞動者地位降低；第三種現象是美國的生產率成長與平均薪資成長日益脫鉤。阿傑姆奧盧的結論是電腦促進了經濟發展但不利於勞動者。

其實，我們只需要關注非合意因素。貨幣過度發行支持金融企業和科技企業擴張，同時引發資產泡沫和通貨膨脹危機。全球化過程中資本自由流通，勞動力不能自由流通，這制約了薪資上漲，擴大了勞動與資本之間的收入差距。經濟學家斯拉法最早發現了這個問題。

總結起來，制度缺陷等不合意的因素導致經濟增速下降，可能抵消了資訊技術對生產效率的提升作用，抵消了資

訊技術對勞動者收入的促進,還推動了金融資產增加,導致貧富差距擴大。

所以,資訊技術帶來的經濟成長及其核算其實並沒有特別之處,只是成長率被其他不合意因素干擾,從而讓人容易誤解資訊技術的實際作用。當然,不合意因素是否還抑制了技術進步,在此不做討論。

## 03　效率革命:何謂第三次技術革命?

不過,不合意因素不能解釋一切。透過經濟增速的比較可以發現,資訊技術革命帶來的成長率其實不如前兩次工業革命。以美國為例,第二次工業革命後的 1870～1921 年,經濟平均增速為 3.69％;資訊技術革命之後的 1970～2021 年,經濟平均增速下降到 2.67％;行動網路普及之後的 2008～2021 年,經濟平均增速進一步下降到 1.51％,處於低成長狀態。

如果排除非合意因素,那麼這裡存在另外一種可能,是不是資訊技術的應用還不夠廣泛?或者說,過去 50 年的資訊技術革新力道,對經濟與社會的整體改變,還不能與第一次、第二次工業革命相提並論?在 2002 年的一次採訪中,索洛仍然認為,「在我看來,將電腦與電力或內燃機進行比較還不太合理」。當前,可能是第三次技術革命的前奏與前

夜，也就是與前兩次相媲美的技術革命還沒真正到來。當年，亞當斯密發表《國富論》的時候，英國工業革命剛剛開始，但是他也沒意識到這個國家將迎來一場生產力的革命。其實，他在格拉斯哥大學任教時與瓦特還有交集。格拉斯哥大學曾經資助過瓦特的蒸汽機改造計畫，斯密還替瓦特安排過宿舍。

這個時代，索洛、高登是不是當年的亞當斯密呢？未來的「蒸汽機」又是什麼呢？是人工智慧、基因技術，還是資訊技術集合的廣泛應用？現今更可見有多家廠商在開發虛實整合的創新集合，其中包括了物聯網、數位孿生、人工智慧、區塊鏈、雲端運算等眾多領域的技術。不過，僅僅是用技術集合的概念去理解第三次技術革命並不完美，關鍵是我們需要找到一種解釋經濟成長的邏輯。

當我們在談論電力革命的時候，事實上是在說交流電的發明與應用方面的技術創新革命；當我們在談論石油革命的時候，事實上是在說石油作為一種能源和基礎化工材料的技術創新革命。當我們在談論資訊技術革命時，我們到底在談論什麼？

從經濟學的角度來看，任何技術革命都是效率革命，準確來說是資源利用和配置效率革命。電和石油的發現，歷史非常久遠，為什麼近100年才出現電力革命和石油革命？其

中一個重要原因是,技術創新大大提升了電力和石油這兩種資源的利用和配置效率。再往前追溯就是基礎科學革命,馬克士威(James Maxwell)解開了電與磁之謎。在發現了電磁感應後,產生交流電流的方法就被發現,然後出現了交流電和無線電。石油革命要追溯到化學革命,現代化學讓我們認識了各種原子的特性以及化學反應,然後才有石油應用技術的大規模創新,提煉和有機合成出燃油、瀝青、油漆、溶劑、合成橡膠、塑膠、滌綸等 5,000 多種材料。

按照資源利用和配置效率革命的思路,我們再看資訊技術革命,或稱為第三次技術革命。資訊技術革命的資源是什麼?什麼資源的效率躍進可能觸發第三次技術革命?

筆者的理解還是資訊。從經濟學的角度來看,我們將資訊視為一種重要的資源,資訊資源的利用和配置效率革命是資訊技術革命的本質。我們從三個層面來理解資訊的效率革命:

第一層面是數位化:萬物皆數。

數學家說萬物皆數,主觀主義者認為一切都是主觀資訊。過去,資訊技術一直將現實世界資訊化、數位化。今天,股票交易市場已經將企業資產資訊化、標準化,金融學稱之為資產證券化。銀行和行動支付已經實現將貨幣電子化、數位化,線上支付相當程度上取代了現金支付。石油資

產也被可以數位化、資產證券化，那就是石油期貨。區塊鏈技術試圖將所有資產上掛上鏈，包括房產、土地、專利和數位貨幣。虛擬實境和數位孿生技術不僅將現實世界數位化，還試圖映照出一個個全面數位孿生體，實現全面感知、擬真沉浸式體驗。

數位化不僅包括區塊鏈、數位身分、鏈上運算、加密技術、多方系統、可靠協定技術，還包括數位孿生、可程式化物質、即時渲染、空間運算、孿生影片等技術。比如，可以透過這些技術將具有危險性的工程操作轉化為數位化的仿真場景，從而提升施工的準確性，降低其危險性。

數位化是資訊資源配置的第一步，為效率革命提供基礎性材料。

第二層面是流動性：萬物融合。

從經濟學的角度來說，任何資源或資產，如果沒有流動性就沒有了價值。股票、電子貨幣、石油期貨的流動性非常大，極大地提升了資源利用和配置效率。資訊作為一種資源，最大特點是具有高度標準化的無差別的跨越時空的流動性。流動性是資訊資源利用和配置效率提升的關鍵。沒有任何一種資源，在流動性上能夠與資訊相提並論。可以這麼說，資訊革命，一半是流動性革命。

今天，我們對資訊流動性的要求更高：時空互聯互通，

虛實完全融合，萬物無限連接。資訊的流動性包含固定網路、行動網路、區塊鏈、點對點技術、物聯網、多模擬融合感知、觸覺回饋、全像投影、人機介面、遠端交互技術。比如，可以透過這些技術模擬一個工業品展示會場，參與者不僅可以跨時空交流，還可以虛實完全融合，透過人機介面完成真實的現場交流。

第三層面是智慧化：萬物智慧。

流動性主導了一半的資訊革命，主導資訊革命的另外一半是智慧化。從經濟學的角度來看，流動性促使生產函數中的產出水準提升至更高水準，而智慧化則可以推動生產效率產生質變，從而帶來效率革命。

智慧化是對資訊這種資源進行加工、挖掘、再生和深度學習，以最大限度提升資源利用效率，同時以成本更低、更加精準、更具預測性的方式配置資源。智慧化的想像空間很大，很可能引發產業效率革命。

智慧化不僅包括人工智慧、大數據、低程式碼、人工智慧晶片、AI 虛擬人、複雜任務機器人、普適智慧等技術，還包括雲端運算、5G、量子運算、無限算力等技術。

所以，我們可以透過資訊資源的利用和配置效率這個主線來理解第三次技術革命。與石油革命、電力革命類似，當我們在談論資訊技術革命時，實際上就是資訊這種資源的利

用和配置效率革命。但是,我們需要解決一個問題:未來的資訊技術革命跟過去半個世紀的資訊革命有什麼區別?程度上的差別。從半導體、電腦、固網到行動網路、物聯網,再到擬真感官互聯、元宇宙、量子運算,是資訊資源利用和配置效率的高低不同,是數位化、流動性、智慧化三個層面的水準的差別。

當前,資訊的數位化程度還不夠,流動性受限於數位化程度,智慧化才剛剛開始。概括以上三個層面 —— 萬物皆數、萬物融合、萬物智慧的關係,數位化是軀體,流動性是靈魂,智慧化是大腦。滿足這三個條件可能才是真正的第三次技術革命。

思考不止,技術變革不息。

## 參考文獻

[1] 泰勒·柯文。大停滯:科技高原下的經濟困境:美國的難題與中國的機遇 [M]。王穎,譯。上海:上海人民出版社,2015。

[2] 賀得力、尹恆。戴爾·喬根森對當代經濟學研究的貢獻 [J]。經濟學動態,2018(5)。

[3] 蔡昉。解讀「凱因斯悖論」：關於生產率分享的思考 [J]。經濟思想史學刊，2022（2）。

國家圖書館出版品預行編目資料

人口轉型時代！破解低生育與高齡化時代的發展悖論：從生育選擇到人力資本，在技術革命與人口結構巨變中重塑全球競爭格局 / 智本社 著. -- 第一版 . -- 臺北市：沐燁文化事業有限公司, 2025.01
面； 公分
POD 版
ISBN 978-626-7628-18-8( 平裝 )
1.CST: 人口轉型 2.CST: 經濟發展
542.138　　　　　　113020280

電子書購買

爽讀 APP

# 人口轉型時代！破解低生育與高齡化時代的發展悖論：從生育選擇到人力資本，在技術革命與人口結構巨變中重塑全球競爭格局

臉書

作　　　者：智本社
發 行 人：黃振庭
出 版 者：沐燁文化事業有限公司
發 行 者：崧燁文化事業有限公司
E - m a i l：sonbookservice@gmail.com
粉 絲 頁：https://www.facebook.com/sonbookss/
網　　址：https://sonbook.net/
地　　址：台北市中正區重慶南路一段 61 號 8 樓
8F., No.61, Sec. 1, Chongqing S. Rd., Zhongzheng Dist., Taipei City 100, Taiwan
電　　話：(02) 2370-3310　傳真：(02) 2388-1990
印　　刷：京峯數位服務有限公司
律師顧問：廣華律師事務所 張珮琦律師

-版權聲明-

本書版權為中國經濟出版社所有授權沐燁文化事業有限公司獨家發行電子書及繁體書繁體字版。若有其他相關權利及授權需求請與本公司聯繫。
未經書面許可，不得複製、發行。

定　　價：350 元
發行日期：2025 年 01 月第一版
◎本書以 POD 印製

Design Assets from Freepik.com